法治大國的日常小事

鄭華娟 著

序 他們是怎麼做到的？

對於這事，我自己也很好奇。

常有很多讀者提出關於德國的問題。這些問題有很多面向，從日常生活到旅行，又從德國的環保到科技，從教育機制又衍伸到工作就業。包羅萬象的題目有許多超出我的回覆能力，有時當我在幫忙尋找答案的過程中，也受惠學到了更多新觀點。

只是不管我再如何努力回答，讀者還是不滿意。不少人持續積極的探索，甚至在看到一些報章媒體的報導資料時，會來問我德國是否真的如此處理生活大小事？德國人是不是真的這樣對待人事物？

歸根結柢，彙整了許多互動與提問之後，我猜想大多讀者最想要知道的是：「德國生活大小事的井然有序，到底是怎麼做到的？」

我只能說，德國帶給人井然有序的印象是既模糊又真實的，看來似乎就是德式定律卻又常以偏概全，這些遠觀造成的混淆，讓人離了解全貌更遙遠。

我試著站在讀者的角度，踏上一個大膽的寫作旅程，希望可以和各位一起進入日常大小事去觀察。德國日常中的秩序觀到底是怎麼來的？是古老的法律傳統思維？是德國人的性格？是教育的法治概念影響？還是宗教觀的潛移默化之效？

我卻發現不管是在哪一個範疇領域，德國人都把「秩序」當作生活的首要基礎和起跑點。「Ordnung muss sein!」（秩序是必須！）是德國日常中一句醍醐灌頂的用語，以科學精神的角度思考，確實循序漸進才能事半功倍。

前面說過，這本書的寫作是個有點大膽自不量力的嘗試，因為不少題目遠超過了我的思考能力。然而德國在歐洲的歷史這麼長，我也只能把自己當成打頭陣的小卒，步上對德國秩序觀多一些了解的旅途。或許這些只是我個人片面的觀察解讀，但仍然期盼當各位一起以文字閱讀旅行之後，能對德國的大小事，開啟更多透過不同角度觀看的風景。

＊本書法律相關內容，顧及德國與臺灣法律用語差異，感謝杜冠民律師審訂校正。

目錄

Part 2
有規範的自由，讓經濟更加蓬勃

Part 3 用井然有序的法治，建構出強大的國家

Part 1

溫柔關懷，
善待環境的生活秩序

1

屋主可以自行決定如何整修花園裡的花草樹木嗎？

先說一個婆婆的故事，看完之後你或許就知道這題的答案了。

婆婆很喜歡她的大花園，花園裡種了許多漂亮的植物，裡面還有一個池塘，水生植物和金魚也是她的最愛。

婆婆最喜歡訂閱各種不同的花園工藝雜誌，從雜誌中可以得知不少德國最新的園藝法令規範，這樣她就知道哪些花對她的花園好，同時又對整個生態有益。

我是最沒緣拇指（園藝專長）的人，婆婆對我早就放棄了。

每次一看見我就會長嘆：「唉～我的大花園以後誰來照顧呢？」

我就會接一句：「當然不可能是我。」

婆婆：「絕不要說絕不可能，或許妳哪天轉性，變得喜愛花草植物也不一定喔！（婆婆似乎還抱著希望）」

我：「我一點也不對自己失望，甚至現在就想開始幫妳整理花園！」

婆婆：「哪行啦？妳根本就不懂啊！」

以上對話就在婆媳的日常相處中不斷跳針。婆婆說我不懂，完全是實情。我日前種得最好的是廚房裡來不及吃（有時是出去旅行前忘了處理，回到家才發現）而長出新莖芽的馬鈴薯。

婆婆失望之餘，也只能對我的糊塗搖頭。

婆婆最近有了新的花園嗜好：餵野鳥。

她在花園裡整排的灌木叢一角，掛上了幾個野鳥餵食包，冬天缺糧的野鳥們就會來啄食。婆婆整個冬天就在客廳的大落地窗前，等著這些美麗的野鳥到來，像個興奮的小孩，每天拿著望遠鏡隔窗看這些美麗野鳥的活動。

這個餵野鳥的冬日嗜好，婆婆可愛的稱之為「野鳥TV」。

婆婆打電話來給我：「妳有空過來看野鳥TV喔，現在又多了好多不同的鳥種！非常漂亮！」

我：「真幸福啊！妳這種TV節目真的非常環保，不用電，鳥又可以吃東西，明年就可以生出很多小鳥！」

婆婆：「一點也不錯！我最怕的事情就是春天花園鳥很少，這讓我擔心大自然是否生病了！」

我：「這鳥食的投資很棒！照顧了鳥又可以看鳥，實在很開心，而且明年還會有更多小鳥。」

婆婆：「啊！說到這個，我要趕緊去買鳥食，牠們現在很挑食，比較便宜料少的鳥食包還不肯吃哩！」

尖叫！婆婆真的是觀察入微，連野鳥的口味都可以抓得準。

說了這麼多，到底解答是什麼？別急，解答就在冬天之後。

冬天過後，婆婆預訂了專業園藝修剪師來修剪花園的樹木，當然灌木叢也要修枝。

當園藝修剪師三月初來修剪時，一眼就看見了掛在灌木叢一角，已空的鳥食網袋。婆婆立即告知修剪師，灌木叢這一角不要修剪。

這真是奇怪，為什麼會這樣呢？

因為德國的所有園藝師都必須遵守國家所制定的《國家自然保護法》的〈樹木樹枝修剪法規〉。這個法律的原始法令源自一九三五年，然後在一九七七年增修新的內容。也就是說，所有動植物的自然生長條件都必須受到此法的保護及規範。從德國國土上的農業用地至私人用地上的植物，都涵蓋在管轄範圍內。

換句話說，德國園藝師受此法約束，每年三月一日至九月三十一日，不可以修剪任何有動物進出築巢或活動頻繁的樹木、樹枝，或樹叢。

婆婆的灌木叢明顯仍有鳥類進出，甚至在今年有孵化鳥蛋的可能性，所以園藝師不可以進行任何修剪行為，以免觸法。

因此園藝師只將灌木叢修剪了一半，另一半要等到十月一日之後才可以修剪。

婆婆：「這保護小鳥的法令真好，園藝師遵守法令也很專業。」

我：「小鳥們知道這裡是牠們的快樂天堂，可以享受不受打擾的春天，今年的花園一定會很熱鬧！」

婆婆：「那我就開心了！春天來了鳥食就不用掛了，牠們會自己覓食，順便帶築巢的材料回來。」

婆婆完全了解野生動物的習性，這才是真正保護動物的心。

讀完這個故事，你應該也可以猜到這題的答案了。是不是很驚訝一個強大的工業國家，竟然細心到連樹枝上的鳥巢，也立下國家法令來保護呢？在一板一眼的法條規範下，藏著的卻是對環境的溫柔呵護哪！

波婆和我，在花園裡一起期盼著不寂靜的春天，還有許多可愛新生小鳥嘈雜聲的夏日季節的到來。

2

德國有蚊子防治協會嗎？

只要有水和河流的地方，一定不缺蚊子。這在德國的萊茵河流域也是定律。

婆婆說以前只要夏天坐在戶外，肯定全身被蚊子叮到尖叫。老德先生也說小時候只要一入盛夏，簡直就是蚊子入侵大作戰，常常晚上睡覺一聽到蚊子在耳邊滋滋嗡嗡的聲音就快崩潰！

來到這兒生活，即使開窗睡覺，也並沒有蚊子擾我清夢整夜不能睡的經驗，所以對家人說的這些往事無法體會，真好奇蚊子都跑到哪兒去了？

原來，德國北萊茵區有一群志同道合的人，成立了一個「地區蚊蟲瘟疫防治協會」。（Kommunale Aktionsgemeinschaft zur Bekämpfung der Schnaken-plage，簡稱 KABS）

KABS 協會長期對叮咬人的蚊子做研究，成員中有很多專業的退休研究學者，也有業餘的蚊子研究嗜好者。他們會向德國傳染病學研究所和德國蚊蟲研究所收集和蚊子相關的研究結果，再做地方河流區域的蚊蟲分布調查，作成蚊蟲防治的目標。

KABS 使用簡稱 Bti（Bacillus thuringiensis israelensi）的蚊蟲防治方法，這是利用一九七五年在以色列內蓋夫沙漠發現的蘇雲金牙孢桿菌，在孑孓孵化的過程中有效的將叮咬蚊的蛋白質結晶化，讓孑孓化成蚊子的能力降低，是一種相當自然的生物防治法。

不過，雖然蚊蟲瘟疫防治協會的防治噴灑工作是以直升機大面積來執行，卻要受到非常多嚴格的管理規範和限制。

為什麼防治蚊蟲是好事，卻還要被管理規範呢？因為德國的環境保護相關法律非常嚴格，在噴灑 Bti 之前，必須先向各生態研究單位索取相關資料。比如：噴灑的範圍內如有鳥類生活，只可以在不傷害鳥類的範圍內手動噴灑，以免危害鳥的生態環境。

噴灑範圍內如有其他蟲卵形式孵化的生物，要遵照研究數據所提出的保護劑量，不可以連帶消滅這些生態系的蟲卵生物。不管噴灑區裡有多少種卵生形式的蟲子，全都要保護。於是協會要按照研究機構提供的分類數據，逐一對這些不同種類的蚊蟲做安全劑量下的噴灑。

噴灑的範圍內如有各種魚類生活，要避開魚類的食物攝取區域。

噴灑的範圍內如有脆弱的原生植披或花種生長，直升機噴灑也有根據研究提出的高度限制，必須按照規定路線噴灑，藥量也要經過調整，以免破壞植物生長的土壤。

這些限制是因為蚊子和蟲子都是大自然食物鏈的一環，在利用生物防治法的同時，也要兼顧生態環境的自然平衡。

你可能會想，不遵守這些限制又有誰會發現呢？

在德國，不僅有認真嚴謹的蚊蟲瘟疫防治協會，同時也有專業的鳥類協會、魚類協會和各種河流生態保護協會。他們當然不可能允許蚊蟲瘟疫防治協會的措施危害了生態環境。所以，蚊蟲瘟疫防治協會也要與其他各生態保護協會合作，互相提供最新研究，在一同保護環境的前提下，進行蚊蟲防治。

比如，蝴蝶的卵和孑孓的滋生區域常有重疊，蚊蟲瘟疫防治協會就要請研究蝴蝶的學者做一個 Bti 藥量多寡研究，確保不會在防治蚊蟲時阻礙蝴蝶的孵化過程。是不是很注重細節又細心！

德國蚊子防治協會經過三十年的研究和長期實驗努力，每年的三月就會開始準備用直升機來做 Bti 噴灑。這樣的行動為萊茵河沿岸的居民帶來許多益處。

生活品質提升了，夏日不再擔心蚊子叮咬和嗡嗡嗡擾夢。戶外活動增加了，居民可以到戶外從事各種活動，不怕蚊子干擾，盡情享受露天咖啡館、野餐、爬山、打球、游泳，和家人在戶外聊天。也讓旅遊業隨之興盛，來到這裡旅行的遊客不用擔心病媒蚊的叮咬和傳染病，旅遊業者也可以多增加戶外活動，用更優質美麗的設施招徠遊客。最重要的是，減少父母們擔心小朋友會被病媒蚊叮咬的傳染病傷害。

蚊蟲瘟疫防治協會並沒有因此而自滿。又成立了「蚊蟲瘟疫防治專業研究協會」，邀請專業的生物研究者繼續提供學術的最新研究，讓防治蚊蟲的同時，又兼具保護生態環境的能力。一個剛開始只是單純想減少病媒蚊的協會，成就了可敬的夢想，也造福提升了萊茵河流域居民的夏日生活品質。

藥劑噴灑措施實踐是與各州政府合作的。蚊蟲瘟疫防治協會有公開的生物防治預算（以面積和人口比例計算），提供萊茵河流域的各州政府採用。

德國的此類協會是民間專業學術性質，參加者為非營利無給職，由熱心人士奉獻心力參加。協會收入必須依循德國協會相關稅法管制。（也就是說，想要營利的人請正正當當去做生意，不要來協會攪和喔！）

所以，德國到底有沒有專門的蚊子防治協會呢？它的全名是什麼？

3

在德國，一般家庭倒垃圾是如何計費的呢？

今天是收垃圾日。到街口去收垃圾桶時，看見我家的桶子上被貼了張黃色紙條。看來是張警告標語之類的，我從來沒有看過這樣的告示。趕緊將紙條讀了一遍，上面寫著：「通知！您家的垃圾桶內……

□含有不屬於一般垃圾的內容物

□垃圾桶已經壞了，無法有效使用

□垃圾桶蓋損壞，無法蓋上

☑垃圾桶結冰或塞得太緊，無法倒出（我家垃圾桶被勾了這一項）

如有其他疑問，請至網站XXXX或來電XXXX」

打開垃圾桶一看，原來是一床被我塞進桶底的舊羽絨被，因為溫度變化致使羽毛膨脹了，雖然羽絨被子很輕，但因為吸了其他垃圾的水氣，就很牢固的卡在桶底，倒垃圾的機器手臂無法將垃圾桶完全倒出清空。垃圾車清潔人員只能貼了紙條，說明沒能把垃圾桶清空的原因。哎呀！我也只能怪自己沒預想到，羽絨被子竟然會有卡桶問題。

或許你會好奇，德國的垃圾桶大到可以塞進一床被子？其實，我家的垃圾桶還只是八十公升的基本款。如果家庭人口多、單棟建築住戶多，垃圾桶就會隨垃圾量加大公升數。（一般家庭最小為八十公升，最大為兩百四十公升。集合住宅則是用七百七十公升到一千一百公升的大型垃圾箱。）

所以在向市政府申請垃圾桶之前，每戶要先計算好需要的垃圾桶容量，因為收費標準也隨之不同。

德國垃圾是用何種方法計算收費的呢？[1]

以下是基礎簡易的說明（這不是全德國的標準，不同州會有不同的細則）：

垃圾桶按照公升數有不同的收費標準，以次數計算。垃圾分類成：家庭一般垃圾、塑膠和金屬、紙類、玻璃類和家庭有機垃圾（廚餘）。

每一個城市都有自訂的垃圾收費標準，可以在該市的垃圾收費表單上找到詳細的收費金額，每戶人家都會收到垃圾年費帳單，一定要確實繳納完成，才能倒垃圾。

垃圾年費為固定金額。固定金額中包含：倒垃圾的固定次數。也就是說，產生了額外的垃圾量，就必須多繳垃圾費。

每戶人家的各分類垃圾桶上，都有一個編碼供清潔車掃描，確實紀錄每戶每年倒了多少次垃圾，多出的次數和費用就會加註在下一年度的帳單上。

舉例來說，如果年費帳單的預設倒垃圾次數為十三次，年度結算你倒了十五次，那麼多出來的兩次的垃圾費用就會在下一年的帳單列出。

看了收費方式快頭昏？還沒完，何時倒垃圾也有規定：

繳交垃圾年費後，市政府的垃圾處理單位就會送來一張整年的「收取垃圾全區時間表」。

這張表上會註明城市中不同區域的收垃圾時間。不同區域是以不同的顏色來區分，所以要先確認你住家區域的顏色，再從時間表上找出每一個星期要收不同分類垃圾的固定時間。

婆婆喜愛園藝，家裡有大型的園藝垃圾桶。但她也常常開車把數量較多的大型花園樹木樹枝載去垃圾場，而到垃圾場倒各類分類垃圾，也需要收取秤重費用。

婆婆是最在乎垃圾分類的人，我家的垃圾桶也會被婆婆碎碎唸說不夠乾淨!?這真是讓媳婦很緊張，原來講究垃圾分類的婆婆連垃圾桶的外觀清潔也會要求！剛開始真想尖叫，現在習慣之後反而覺得乾淨的垃圾桶外觀，其實也是一種自我尊重的態度。哈哈，我是不是完全被同化了？

這一題的答案，你答對了嗎？

---

1 德國的垃圾收費方式、收取日期和分類方法，是由每個邦州和城市以城鄉差距自行決定的，不同州或是不同城市的收費就不一樣，沒有全國標準。

4

租一塊地種植蔬果，也有法令規範嗎？

「妳們去度假了？」我遇見好幾個星期不見的鄰居。

「我們每週末都會去小花園整理花房。」鄰居太太說。

鄰居在幾公里外的森林區租了一個小花園種蔬果。

「難怪。」我說。

「疫情開始之後有很多新限制，即使整理花園也要戴口罩。整理花房也不能太多人一起工作。所以本來幾個人很快可以完成的工作，只有我跟老公兩個人可以做。」鄰居太太很無奈的說。

「那真的很累，還好可以在戶外活動活動，晒晒太陽。」我安慰她。

「沒錯，現在我們都改在家工作，如果週末不出門呼吸新鮮空氣，真的太悶啦！」她笑著回答。

租塊地來種蔬果花朵，是不少德國人的休閒活動。到底有多少德國人喜歡這種在城市或城郊的分租花園呢？

德國有一萬五千個「社區花園協會」，大概有一百萬人租地種蔬果。種植總面積超過四萬六千公頃。

為了要秩序管理，德國制定了《聯邦小社區花園秩序管理法》（下稱「小社區花園法」）。這個自一九八三年公布實施有關租地種菜的法律，我猜有可能是地球上最複雜的管理法令，如果你想在德國租地把種菜當消遣，一定要先細讀這個很多很多規定的專法才行！

舉幾個法規內容：

社區小花園的大小有法令限制。不可小於一百二十平方公尺，也不可大於四百平方公尺。社區小花園可以分為自有、租用和分租三種。租用和分租各有不同的秩序規範，包括合約起訖日期都有法定的時間。自有產權者，同樣也要受到專法的規範。

小花園不同的大小比例可以種植哪一些植物，也有法定限制。有機農作者，必須另外遵守德國其他有機種植的相關法令。

小花園中不論樹木和爬藤，皆不可超過此法規定的高度和寬度。種蔬果花朵植物者，所有的出產皆不可有任何商業用途，僅限自用，或無償贈與他人。

小花園只供休閒種植物時使用，不可生活居住。

花園中的植物修剪和規範，受德國自然環境保護法相關規範（此法請參考本章第一篇內容）約束。

城市社區花園除了受「小社區花園法」的規範之外，也同時受到租用者參加的地方小花園協會的管理規則約束。租用者必須提出小花園的租用行使規畫圖樣，比如要種哪些蔬果、用哪種種植方式，協會也會告知會員哪些肥料或農藥完全不可以使用。

小花園的電費和水費的管理也很嚴格。因為是分租的土地，灌溉用水和電的使用量都要記錄正確度數，以免產生糾紛。每個協會都有嚴格的管理規則，花房的外觀、圍籬的整體顏色、扶植花木的支架、花材蔬菜品質……這麼多的規定，真是佩服德國人為了種植花草或蔬菜不厭煩的態度！

因管理有關的法令太繁複，租用者大多會參加社會上相關協會來了解和交流。協會的會費大約是三十歐元。另外，加上灌溉的水電支出，每年大約會有三百七十五歐元的基本租用開銷，當然還有各種蔬果種子和幼苗的費用要另計。

如果有人退租，有人想承接續租，是不是可以直接就租？答案是：不行。按照法令，新的承租者必須清算並給付前一位租用者的餘留成本（前位租用者已經付出的費用，比如所有的硬體設施）。一般來說，新的承租者大約要先支付一千九百歐元至三千三百歐元的接續承租費用，端看城市和租地的大小來決定。（資料來源：德國聯邦園藝之友協會）

讀到這裡，你會不會已經想要打退堂鼓了？本來只是想休閒租地種菜，怎麼會這麼嚴格啊？那麼受拘束，誰還想租地呀？

其實，規定越嚴格，有些德國人越愛。因為能夠符合嚴格規範和規格的人事物，在德國是品質高標。能達到這些高品質，表示有一定的能力和自我要求。

這些讓人眼冒金星、頭昏腦脹的法規卻嚇不走有心人。承租種菜小花園的排隊名單總是落落長。一旦租到地絕不會輕易棄租，一定會努力在很嚴格的規定下，驕傲的種出又漂亮又好吃的花朵蔬果。當然排隊的人也會很忠實的努力排隊，希望能早一點能租地種菜。所以德國小花園租地總是一租難求，更有人把租到的小花園當成全家一年四季最愛的家庭活動。

當我了解德國的小花園法規後，如今只要收到小花園租戶送我他們租地種出來的蔬果或花朵，我都心存無限敬意。畢竟這麼用心遵守多如繁星的法規下種出的作物，絕對是人生最高的榮耀。心懷讚嘆吃著蔬果、賞著花的同時，植物殺手如我，也只能自嘆弗如。

德國應該是全歐洲最愛租地種植蔬果的國家。德國的社區分租小花園專法和各協會衍生出的秩序規範，我猜地球上也很難有相似的法規能出其右。想了解德國聯邦社區小花園總法者（不含地區、各邦州和各地協會之衍伸執行政令規範），可以掃描 QR code 參考此聯邦法（或以關鍵字 Bundeskleingartengesetz (BKleingG) 搜尋）。

5

德國小朋友到森林裡遊玩，可以學到知識嗎？

我喜歡到德國各處的森林中健行。

德國森林有專職的守林人看管，對於森林的各項管理也受到很多執行政令的約束，在德國，森林健行運動是十分蓬勃的國民運動，有各種森林健行路線旅遊書出版，喜歡哪條路線都可以有專書參考。

婆婆參加了地區森林健行協會，每隔幾週就會與這些志同道合的健行者去探索新的健行路線，協會也會安排業餘的健行講師，一邊在森林中行走，一邊聽這條古老的山道上，曾經發生過哪些歷史事件或古代的戰爭，又有哪些古代的皇帝或名人曾在這裡徒步走過的軼事傳奇故事。

「妳別把手插在口袋走路！」婆婆邊走邊對我說。

「為什麼？」媳婦不解。

我們一起到森林郊遊，婆婆覺得媳婦實在沒有運動細胞，走路居然把雙手兜在口袋裡，真的很沒有運動健行架勢！

「正確的健行要兩臂平衡的擺動，這樣才不會越走越累，手插口袋根本沒法讓全身運動。」身為健行協會成員的婆婆認真指正媳婦。

「可是……森林裡好冷……」我故意發抖說。

「冷!?」婆婆失望的搖搖頭，她知道我真的沒運動細胞。

「哇！好可愛喔！」我看到森林中一群幼兒班的小朋友正跟著老師在森林裡玩，引起我的興趣，馬上眼睛一亮。遠遠就能看到十來個小小的背影，圍成一圈在專心聽老師說話。

「……很棒喔！你們做的功課我很滿意！」老師稱讚小朋友。

功課？在森林做什麼功課呢？我很好奇！

不一會兒，小朋友們手牽手走遠了，我走過去看小朋友們做好留下的功課。可是，我什麼也沒看到啊！沒有什麼勞作材料，也沒有圖畫紙，也沒有勞作作品呀……

「很可愛！」婆婆一眼就看到小朋友的作品。

「在哪？」我居然沒有婆婆眼快。

婆婆指指一個矮樹幹。

我定睛一瞧，小朋友讓老師很滿意的功課是：把樹枝大小分成尺寸相近的各一小堆。樹上掉下的松毬分一堆，枯葉和楓樹果各分一堆。我看了整顆心快融化，這功課不僅可愛，還兼具學習分類的概念（樹枝的粗細，以及各種樹葉果實的形狀。）

學習分類的同時，也學習這些植物的正確名字。還有記憶這些森林元素的樣子，下一次再來的時候，看看它們有沒有隨著季節而變化？

一個小幼兒的森林漫步，可以可愛的學到這些大自然的相關知識，實在令人心生愉悅。而且小小的心靈從今天開始就有了分類不同元素的感知，太厲害了！

看起來只是幼兒輕鬆的在森林中玩耍，其實已經是自然無壓力的學習！或許小朋友們只是覺得很有趣，然而就在他們撿拾這些森林元素並做成分類時，便已經過眼之辨認，手之感觸，口唸植物學名和用心分類的實作系統學習了。

看著那一小堆可愛的森林植物元素分類，覺得自己的自然教育真的起步得很晚。我相信這種自然的幼兒教育，一定可以造成很強大的求知和生活力量。

分享個人的一個小經驗，或許有可能就是這種教育下的影響：

自從全球疫情之後，德國的教堂皆關閉不能進行各種禮拜活動。如婆婆這樣虔誠的教徒，無法上教堂確實煎熬。就算暫時開放教堂彌撒活動，也要先登記且有人數限制。

in St. Otto

就當婆婆正在哀怨疫情繼續，教堂今年依然不能有復活節相關的各種彌撒活動之際，有天午後，一位訪客按電鈴，給婆婆送來一個小紙袋。

「女孩兒說是教堂的義工，來給教徒分發復活節的小禮物。」婆婆很好奇紙袋中的東西。

打開一看，尖叫！袋子裡分別是：一個復活節聖燭、一小枝復活節棕櫚枝、一個小鈴鐺、一個復活節彩蛋和一小個兔子巧克力、一顆小的鬱金香花球、一顆白色的石頭畫上了棕色的十字架，還有一瓶教堂的聖水。

這個天主教堂小禮袋，成功的解構了復活節的彌撒儀式，把所有相關元素拆解成很多象徵的小物，並把這些復活節彌撒元素當成小禮物送到信徒手中，讓許多虔誠的信徒有被安慰的感動。

「這樣的安排實在深得我心！」婆婆開心的說。

「妳不能上教堂的哀怨，上帝聽見了！」媳婦也跟著快樂。

「還有一份說明……」婆婆開心的把一張說明拿出來讀。

原來小物們各有寓意：

鈴鐺，復活節的彌撒鐘聲；聖燭，祭壇上的亮光；棕櫚，棕枝主日；聖水，祝聖的儀式；鬱金香花球，生命復活的意義；白色有十架的小石頭，追憶逝去的親人。而彩蛋和巧克力兔，當然就是甜甜慶祝復活節的意思。

說明文裡請信徒收到這些聖禮時，在家中按照天主教的復活節傳統，依然懷想彌撒的舉行和祈禱。

當我看到這個教堂聖禮的排列時，腦海中浮現出小朋友在森林中所做的功課：那些按照自然分類的森林元素的排列概念，就運用在這個疫情期間的聖禮的元素分類上了。

這或許是森林可愛教育的成果？

不要小看在大自然環境中的輕鬆教育，或許你覺得森林裡的遊玩學不到太多的課堂知識，然而，這個例子會讓我們改變很多對於人生各方面學習的態度。

所以，這一題的答案是什麼呢？

6 德國有多少民間社團？

如果你問德國人平常做哪些閒暇活動，多數德國人應該會回答他們參加某些地方社團的活動。為什麼要參加各種不同的社團？因為這些民間社團都有很專業的活動安排，可以讓一般人有機會了解某些專業知識。前幾篇提到的「地區蚊蟲瘟疫防治協會」「地區森林健行協會」就都屬於民間社團。

婆婆參加的橋牌社團，每年都會安排社員參加橋牌友誼賽，到各地拜訪德國其他地區的橋牌社團，或是每週固定的橋牌活動，會設計為期數月的錦標賽，讓社友可以把一整年工作閒暇事先排好排滿。

「橋牌社又安排郵輪橋牌賽，旅行行程已經出來了。」婆婆給我看那個行程。

「哇，到地中海的輪船之旅！好棒喔！妳報名沒？」媳婦翻看彩色的行程介紹小冊子。

「參加過了。我不去。」婆婆回答得很果斷。

「妳上次參加的行程跟這個不大相同……」我說。

「行程雖然不同，可是牌友一樣啊！我平常就已經跟她們打牌了，不想二十四小時一週五天還要一起打牌，我會玩牌疲勞！」婆婆說。

婆婆真可愛，很保護自己的「興致」，如果是社團社友的活動，只需要去社團玩牌就夠了。又旅行又玩牌，她沒辦法應付。

「每天醒來就開始打橋牌，連續五天真的會疲勞。」我想想婆婆的話不無道理。

「我報名了季錦標賽，我得跟牌友好好練習，排名不能太低。」婆婆還是很有戰鬥力。

婆婆參加的橋牌社團，讓她很有系統的漸進累積自己的實力，即使年過八十八，整個人還是很有精神。尤其是年終時的耶誕橋牌大賽，她每次只要名列前茅，就會開心的叫我們去喝她得到的葡萄酒獎品。我想酒本身根本不是重點，而是那份可以戰勝各方高手的榮譽感，讓婆婆在凜冽的寒冬依然滿身活力。

老德先生從小學就開始參加西洋棋社團，開啟下西洋棋的嗜好，也經常參加各種比賽和活動。社友即使來自各種職業和工作，一到社團對弈時，只有棋藝算數，其他一切都不談。

老德先生的棋藝也經由加入社團，有組織性的逐年練習增進不少，與棋友常年討論棋藝，教學相長，時不時還會代表社團到德國各地的西洋棋社團南征北討。這也成了老德先生數十年閒暇時間最重要的休閒活動。

德國的社團非常多，只要有一群人對一個項目有興趣且志同道合，就可以申請一個民間社團。不過社團社友不可少於三人，成立必須要到法院登記。登記之後，社團就受德國民法約束，歸於「非商業」的登記類別。社團的社長和社友都不可以用社團協會的名目營利，而且受到德國社團法複雜且嚴格的稅務法條監督。

民間社團每年可接受三萬五千歐元以下的免稅捐款，超過此金額就必須繳交百分之七的稅金。若有營利行為，還要繳交百分之十九的營業稅。德國社團法規許多嚴格的限制和規定，引導民間社團成為民眾可以沒有壓力負擔的閒暇嗜好。

歐洲從十四世紀就有民間社團的雛形，原本是以慈善助人為目標而組成的各種一般民間組織。進入十八世紀後，慢慢有了更清晰的社團規範。一九〇八年德國有了第一部《德國社團法》（一九六四年此法失去效力），一九九〇年完整的新民間社團法開始實施。

德國社團有很多面向，規模大，對德國的國民生活和一些政府政策的監督都影響至深。以下提供幾個德國民間社團的相關數據[1]，可以說明社團的社會力量規模。

・全德國有六十二萬個民間社團。包括運動、藝術、文化、休閒、社會公益幾個大項目。最多社友的社團是德國的交通社團：全德汽車俱樂部（ADAC）；最多相同項目的社團是運動社團，全德國共有九萬個運動社團。

・德國民間社團提供了至少三十萬個工作機會（每人每月所得不可超過四百五十歐元的工作）。

・德國民間社團所提供的義務慈善服務工作，總價值高達四百億歐元。這些慈善工作包括各種救災和救難援助、學校校外教育學習、各種社會服務工作（例如：嬰兒母親類的社團幫忙新手媽媽、老人院的服務工作）、興趣發展教育（例如：西洋棋社提供難民青年西洋棋學習、交通觀察社的學校戶外教學）、環保團體保護環境的專業研究工作（許多環保志工加入環境長期觀察和記錄）。

以上種種的民間慈善社團力量，不必依賴大財團的支持，就可以用全民的協力精神來貢獻和延續。

德國民間社團最讓我敬佩的是歷史悠久，許多社團協會都超過半世紀，甚至一百年以上。

許多學術社團也提供德國政府許多專業的政策參考。比如：德國的保護古蹟社團，就在許多對古蹟有專業研究的學術人士和工匠長年持續努力下，對德國的古蹟保護政策做出了巨大的貢獻。

德國民間社團有各種不同的研究，上至宇宙太空科學社團，下至蔬果小花園研究社團，各社團已成了一種社會文化的傳統和傳承。

德國民間社團的社團主旨就是：持續、沿續和永續。

百年來的德國民間力量，除了堅實了德國各地方的各類知識傳承，也讓很多社團的專業研究成為德國政府在制定各種政策時的重要參考。德國政府也會撥專款輔助社團的專業研究。

我在閱讀這些民間社團的資料時，個人感覺這個國家像是同時有六十二萬個專業民間團體在監督政府，這真是一個超級強盛的以民為主的法治社會。

不過近年，德國的民間社團參加人數有下降的趨勢。因為大家都在家上網，尋找自己的興趣新方向，不見得要出門參加實體社團。

當全球疫情開始，婆婆也不能去參加橋牌社了。

「媽媽，不能去橋牌社，會不會無聊？」我問。

「為什麼會無聊？我今天已經教幾位牌友如何上網打牌了，以前她們都不肯學，只有我最早開始用網路打牌，現在派上用場啦！」婆婆很得意的說。

婆婆真的很強，媳婦甘敗下風。

老德先生當然也是早就開始練起網路西洋棋了。

你找到這題的答案了嗎？你也參加／成立什麼協會或社團嗎？在你生活的環境中，有哪些民間社團是以真正的慈善精神，提供著持續的社會服務呢？

1 資料來源：德國民間社團之志願服務團體聯合總社（bvve），可以掃描QR code了解更多。

7

德國有沒有一個城市是完全沒有街道名字的？

當臺灣的政客們在挑戰威權或政黨敵對時，常用更改街道名稱來挑戰選民的神經和注意力。街道的名稱承載了時代的變遷，也在歷史和政治的角色上，成為政客們無聲操弄的時代話題。

先跳脫這些煩人的爭議，德國是否也有這些街道名稱爭議呢？當然有，除非德國沒有政客。

沒有被拿來製造政治話題的街道，表示對政客尚無話題性。另外，德國民法典的規範也有其複雜的限制，意即一條街道要改名，必須經過很多很多的討論。不過，若當城市建設遭遇公權力和人民權利的衝突時，這類的改名正是政客們最愛的搶版面話題。

如果沒有街道名稱，是否這樣的政治操作就隨之消失了呢？德國就有一個城市真的沒有街道名稱。這個城市就是介於萊茵河和奈卡河間的曼海姆（Mannheim）。

從事德國貿易進出口的讀者對曼海姆一定不陌生。這個城市除了是德國重要的投資城市，也是聯合國文教組織認定的音樂城。曼海姆有德國知名的汽車公司、美國大農業機具和各種重工業的研發投資總部，更有德國重要的經濟大學和經濟研究學術中心。

曼海姆也是德國智慧科技城市。然而這個德國的先進科技城市，市中心區的街道名稱卻依然沿襲腓特烈四世（Friedrich IV von der Pfalz，1574–1610）為防禦概念所設計的碉堡系統的分區編號。所以市中心區沒有街道名，只有字母和號碼。

腓特烈四世原本是把皇宮四周的範圍設計成一個防禦碉堡，從皇宮四周畫成如西洋棋盤的矩形方格，中間有一條大道路（現在成為曼海姆的購物大道）來分成左右區域。矩形方格陣可在外敵來侵時，便利移動大砲的位置（矩陣為等邊距離，四方形的等距街道便於軍隊和大砲的移動），巷戰時更可有效射擊。

當時他們把這些方矩陣區域用編號來標明位置。因為設計得太精良，以至後人一直沿用至今。在矩陣區域內的建築，就以這個矩陣的編號來標示。

我在當背包客旅行來到曼海姆時，確實被這個城市的地址弄得頭昏腦脹！

比如當地百貨公司的地址是P1, 1。我站在街邊的大地圖研究了很久，才搞清楚這地址要怎樣理解比較好。這只有編號的地址，讓很多別的城市的德國人也不明白是怎麼回事。

曾經有德國人從德國其他城市搭計程車去曼海姆，計程車司機（並不是每個德國人都知道曼海姆是矩陣城市[1]）看到地址 N1, Mannheimh 時，還以為乘客是去坐牢的牢房號碼哩！這種德國區域笑話也只有本地人才懂吧。

四百年前的矩陣城市設計，讓曼海姆至今還是挺酷的。尤其這個編號地址，有現代數位科技的簡約風。

德國的古蹟保護成果讓人敬佩，像是曼海姆這種古代大型城市設計，德國政府就堅持一直延續保護。當然也曾有人提議增加市區街道名稱，以便郵務送信，只是都沒有成功，最後不了了之。

古老的好智慧理當保留。曼海姆這座沒有文字名字地址，只有編號的德國城市，真的沒有改街名的煩惱和必要。

---

1 想要了解更多細節，可以搜尋 Mannheim 或德國曼海姆。

8

德國有沒有住户管理委員會？

我曾經多次被問到這個問題。在臺灣，多半是由住戶自己擔任管理的角色。換句話說，許多集合住宅都是由住戶自行成立管理委員會，再由這個管理委員會的當屆成員進行管理職責，進而幫住戶決定相關事宜。聽起來很不錯，這樣自己的住宅環境自己顧，一定是和樂融融，但事實往往並非如此。

在德國，住戶自己管理和委託專業代管公司的情況都有。

或許你會問，德國的住戶管理委員會開住戶大會時會很火爆嗎？會有住戶打架嗎？理性的德國人怎麼處理這些住戶間的爭執呢？

這真是個好問題。每一個有人的地方都會有爭執，德國也一樣。我住過自己管理和委託專業代管公司的德國住宅，可以就自己的經驗來分享。

不過，我們先來比較這個關於管委會的幾個基本不同之處。

德國獨棟住宅因為所有物件和附屬物都為自己所有，所以物業管理多半是自己負責。德國的住宅可以自己管理，只要住戶之間同意即可。不過，通常是住戶較少的集合住宅才有可能，住戶較多的住宅不大可能以少數住戶之力來維持運作。

集合住宅多半交由專業住宅代管公司來執行所有管委會事宜。德國的專業代管公司通常會有為每一棟住宅量身打造的專門管理項目，所有住戶只需每一年與這個代管公司開一次會，了解新年度要做的修繕和維護內容即可。

德國想自己管理集合住宅的人，好處是：住戶認識好協調，有時間和意願，親力親為擔任大小事的管理。然而，德國的住宅管理是容易的差事嗎？先來看看有會有哪些工作。

1. **符合住宅的相關法令**

德國的住宅管理法牽涉廣泛，每個州有各州的法令，還有各城市的管理秩序法規都不同。住戶自己管理時，必須先把這些法令了解清楚，以免觸犯相關法令，一旦觸法，每一戶住戶都可能要繳交罰款。

2. **相關修繕比價和詢價**

德國專業修繕公司都有很嚴格的工作分類和職業工作法規。住宅管理者必須找到合格的修繕公司進行修繕，所以要聯絡許多公司前來，針對修繕維護的項目詢價之後再比價。比價之後與住戶協調完畢後正式估價，等廠商傳來正式估價單之後，才能以此依據（因法令規定，法定估價單之金額在工作完成之後，有其追加變更之溢價上限範圍之故）開始施作。

看到這裡，已經感覺到超正式，像是公家機關進行採購的方式了吧？其實，這還沒完。不管修繕什麼之前，都要附上所有詢價和估價廠商出示的文件影本給每一戶，並得到每一戶的同意和簽名之後，整個流程才算數。想一想每棟建築物從裡到外有數百條當地管理秩序法令和法律程序，負責的住戶要付出的時間和精力，一定非常多。

我為什麼知道？因為居住過集合住宅，了解德國管理集合住宅是非常不容易的事。僅僅試著了解每棟住宅中的各項設施和其相關多如牛毛的法令，就得耗費許多時間。而且誰也不可能全天候照管這些複雜的設施吧？

正因德國物業管理法令複雜，各種公共設施的規範嚴格，每年增修的新秩序法規更讓人頭昏腦脹，所以在一九八〇年前後，德國許多仲介公司就轉型成為專業的集合住宅物業代管。

這些代管公司的工作內容包含：

・向住戶說明解釋該棟代管集合住宅的所在位置，需要遵循該州的哪些秩序法令（德國十六個州法令皆不同）。

・在州法令之下的房舍修繕限制和法規。

• 諮詢整合所有住戶的需求，進行詢價、比價和最終估價的各項工作。

• 年度區分所有權人會議，彙整報告當年度的大小事務完成進度，以及新年度的修繕討論。

• 回答住戶若有爭執的法令解釋結果，或是以住宅法規相關條文建議住戶如何進行爭議調停。

• 報告已支出的金額和即將支出的金額。不足額時，住戶需補足代管帳戶。

這類的專業代管業務並不是輕鬆的工作，必須對德國各種秩序安全法令有充分的理解，不然一旦出錯，進行了於法不合的設置或設施，住戶就可能會把不盡責的代管公司換掉，而且如果因為代管錯誤造成住戶權益問題，代管公司也可能因此被勒令停業。

比如有一回，所有住戶想要換掉歷史建物的老窗戶，代管公司就將德國維修歷史建築物外觀的法令提供給住戶，一戶一份資料（光是管理規範「外觀」的歷史建築相關法規就讓人嘆為觀止！）再附上相關的各個文化資產核可廠商（德國的歷史建築，必須由指定的文化資產專業修繕公司進行施工）的詢價和比價結果。

我從這份由代管公司提供的詳細資料中得知，德國對歷史建物保存的基本觀念和知識，也佩服代管公司努力合法修繕歷史建物的精神。

你可能會想，那麼「搞工」做什麼？代管公司只要有住戶授權，將窗戶自行換掉不就可以了，何必守法到這種程度？我前面說過了，物業代管公司如不守法，就得面對被停業的後果，而且不合法換掉的所有窗戶除了得按照法令重新修回原貌，所有住戶還得分攤重新修回原貌的所有費用。

如果偷偷換，不要告訴別人呢？這種僥倖心理最後還是無法逃過德國每個城市的古蹟市容保護人員的查緝。每一棟古建築都會有市政府細部拍攝的影像存檔，屋主要做任何改變前，都要先申請並取得核准才行。如果任意改變，就會被相關單位罰款並要求恢復原樣。替屋主施工的公司也會有連帶責任。

有了住宅專業代管公司，住宅公設裡裡外外的小修繕和清潔工作也是他們來負責嗎？答案：不是。住宅代管公司可以代住戶找一個稱為 Hausmeister 的管理者。

Hausmeister 在德語區算是一個古老的行業，以前學校裡都會有一位這樣的校工，負責校舍與教室修繕管理的專職人員，他們整年或一生都住在這個學校提供的房舍中工作。

許多德國的集合住宅中都有這樣的 Hausmeister，這位管理者也必須是在這個住宅中生活工作的人。通常會由住戶共同出資僱用他／她來照管一般的房舍維修照管工作。如果有維修工程進行，這個常駐的 Hausmeister 可以跟代管公司做聯繫工作，隨時反映建物的狀況。代管公司也會把這位管理者的報告歸納在年度報告中，做為歸檔紀錄。

德國的 Hausmeister 不需要特殊的資格認定，有經驗又對修繕電器者有些知識者尤佳。所以，做 Hausmeister 的人有可能是個電工或木工專業，也有可能是文科出身。總而言之，在品格上要讓住戶可以認同，是最基本的認知。

德國的代管公司收費標準十六個州都不同，在每個州裡，又會因城市人口和業物本身的條件不同來計算每平方公尺的管理費用。代管公司也可代住戶僱用公眾區域的清潔人員。德國集合住宅買賣時，買方可以要求賣方提供代管公司製作的每年年度報告，以便了解整個房舍的逐年運作、修繕和現狀。

9

每個德國人都吃豬腳嗎？

不吃豬腳的德國人，我剛好認識一位：我家的老德先生。

老德先生對於肥肉一向相當畏懼，比如我覺得好好吃的東坡肉，老德先生完全不認為是美食，有肥肉的豬肉排也一概拒絕。

為什麼會有德國人不吃豬腳呢？前面說過，德國有十六個不同的州，有些州的風俗民情完全不同，甚至連料理都各有特色。所以不同州的德國人不見得都會喜歡同樣的食物。

德國豬腳是德國南部的名菜。在冬季較長的南部山區，對於脂肪較厚的食物就比其他州的人更能接受。老德先生的家族來自另一州，家裡的長

者喜歡吃自製的各種麵食，受到成長背景的傳統喜好影響，讓他對於肥肉美食興趣缺缺。唯一能讓老德先生克服肥肉味覺恐懼的只有一種料理，那就是：滷肉飯！我可是誠實告知他滷肉飯的滷肉是肥肉喔，只是他依然非常喜愛這道臺式料理，真是奇怪。

德國豬腳在德國並不是那麼普遍，到處可以吃到的料理。那麼到德國旅行，時間有限的情形下，要去哪兒吃這道出名的豬腳加酸菜料理呢？其實你可以到啤酒屋問問，德國自釀啤酒屋多半都會推出一些「跨州」菜。有些自釀啤酒屋只在一週之中特定時間推出「豬腳日」，或是在假日舉行類似慕尼黑啤酒特別日時，就可以吃到德國豬腳。

建議有機會到德國旅遊時，可以問問德國人是不是天天都吃豬腳？我想被問的德國人，即使再喜歡吃豬腳也會搖頭否認吧？

德國豬腳熱量非常高，天冷時吃一點禦寒不錯。也建議可以嘗嘗德國其他州的特產美食料理，十六個邦州的料理特色都不相同，想要更加了解德國的旅人們可以多加嘗試。

以下試著羅列全德國大概都可吃到的各項特色料理，以及比較特殊的地區性菜餚：

全德國都可以吃到的國民料理：

- 德式煎洋芋（Bratkartoffeln，大多主菜都會有煎洋芋當佐菜。）
- 冷洋芋沙拉（Kartoffelsalat，可佐主食或配麵包吃。）
- 德國煎香腸（Bratwurst，配洋芋泥。）
- 清煮或蒸的整顆洋芋（Pellkatoffeln，可以佐醃漬的冷魚或各種魚料理）
- 德國酸菜（Sauerkraut，可搭配香腸或豬腳。）
- 馬鈴薯丸子（Knödel，馬鈴薯做的丸子。Leberknödel，則是馬鈴薯混合牛肝做成的丸子，多半和牛肉湯一起吃。Serviettenkloß 或稱為 Serviet-

tenknödel，是可以配有醬汁的葷菜主食。）

比較地區性，不容易在別州吃到的地方菜：

巴登．符騰堡州（Baden-Württemberg）

這個州的州首府在司徒加特，喜歡德國汽車的人就知道，這是德國賓士汽車的總部。這個州不是只有汽車工業，也有很多傳統美食，試舉幾樣常常可以吃到的：

・德國餛飩（Maultaschen，類似四方形的餃子，用不同的魚或肉餡兒混合菠菜，通常是與蔬菜湯一起吃。）老德先生的家族就是這地方的人，婆婆一直到今天還常常做這個德國餛飩吃，我也超愛吃。

・亞爾薩斯薄餅（Flammkuchen，一種流行於德國巴登和法茲兩區域的烤薄餅。很像比薩餅但是非常薄，上面的佐料多半是蔬菜、火腿丁和起司。因為歐洲國家接壤，這種烤餅是由鄰近的法國的亞爾薩司傳過來的料理。）

・德式洋蔥餅（Zwiebelkuchen，這一州十月秋收期間，會與剛發酵的新酒一起吃的餅，是季節性傳統美食。）

・煎薄餅湯（Flädlesuppe，是用肉高湯加入切成條狀的蛋餅做成的前菜。婆婆說戰爭期間食品物資缺乏，只有在結婚宴席上才能吃到這道湯，所以婆婆小時候都說這湯是「結婚湯」。）

巴伐利亞州（Bavaria）

這個州最出名的就是：德國豬腳！可再別以為這道料理是德國其他十五個州的地方菜了喔。除了德國豬腳外，這裡還有哪些地方料理呢？

・啤酒香腸（Bierwurst，雖然叫做啤酒香腸，但是香腸裡可是半點啤酒也沒有！這個香腸的成分是：50%的瘦肉、25%的火腿、25%的水。這些成分灌成香腸後，再用六十五度的溫度慢慢煮成緊實。之所以叫做啤酒香腸，是因為這香腸要切成厚厚一片配啤酒吃。這可是巴伐利亞州除了德國

豬腳外，最傳統的啤酒配菜喔。）

・豬血腸（Blutwurst，喝啤酒的好配菜，有時也與酸菜一起吃。）

・白香腸（Weißwurst，是慕尼黑的早餐，以甜芥末醬做為沾醬，配扭結餅外加啤酒一起吃。）

以上簡單列舉德國兩個州不同的地方料理，這樣大概就可以看出，德國還是有許多不同的地方菜，德國豬腳並不代表德國所有的地方料理，下次來德國，不妨多試試幾種地方菜吧！

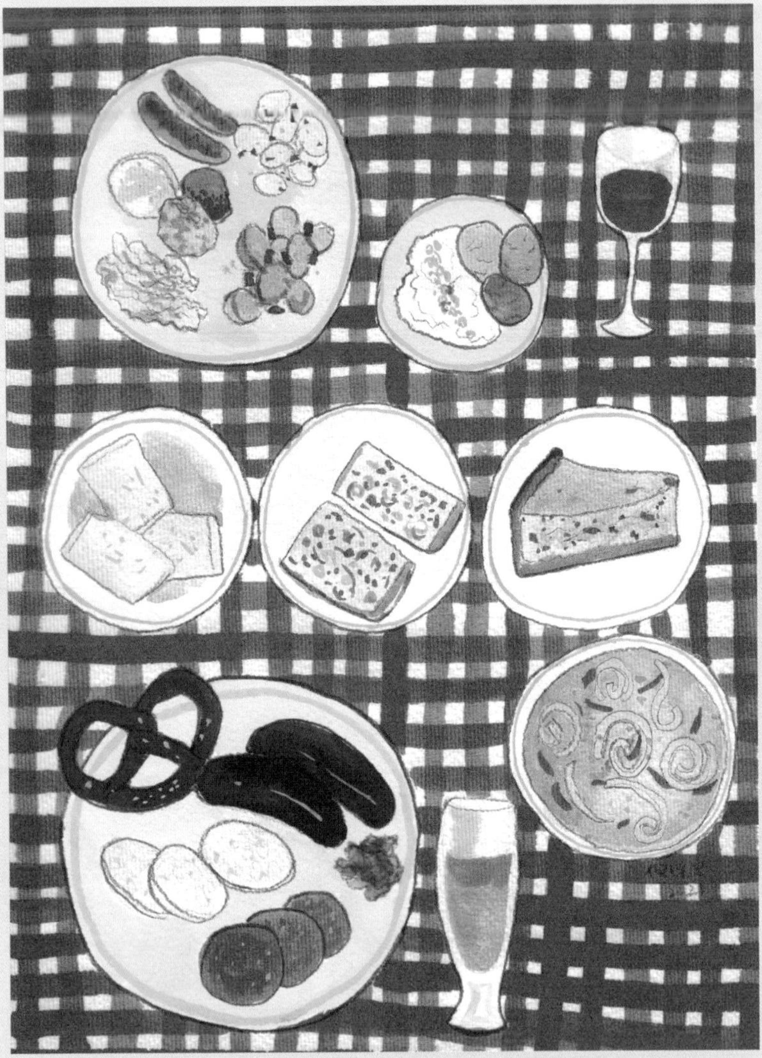

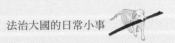

10

德國的電視臺裡有沒有民間製作的頻道節目？

來到德國生活、工作或就學的人，都必須先到每個城市的秩序局（Ordnungsamt）登記居住戶籍。登記之後就會收到由德國公共廣播聯盟寄來的一張廣電費（Rundfunkbeitrag）帳單。這筆帳單目前的金額為每戶每月十七點五歐元。只要居住在德國，每戶人家都「必須」繳納，不管你要不要看電視，聽不聽廣播，都要繳。

不繳會怎樣？根據二〇一八年德國聯邦基本法法庭和歐洲基本法法庭判例，都認為強制徵收廣電費合法。所以最好在收到帳單的四週之內趕快繳清，不然罰款的滯納金就會一直累計，情況嚴重時，還可能會有牢獄之災。

為什麼一定要繳廣電費呢？因為德國的公共電視臺是歐洲規模最大的公廣集團，電視臺製播的節目必須要獨立於政黨操作之外，也必須不受商業廣告操作的觀點擺布，這樣才能合於德國基本法的言論自由。來自於民間的款項，當然要站在國民的立場製播言論中立的節目。

除了專業製播的電視臺節目之外，德國也有很多民間的「公共近用頻道」（Offener Kanal）。德國基本法為了保障國民的言論自由，鼓勵民間製作屬於自己的頻道節目。一九八四年開始，陸續由各州和各城市成立近用頻道電視及廣播電臺，民間近用頻道的製播經費來自於徵收的廣電費（總金額之百分之一以下）。

因為民間近用頻道的器材設置和製播都來自向全國國民徵收的廣電費，所以節目內容必須政治中立、超越黨派。當然也不可以營利或有任何商業贊助，更不可以出現置入性行銷。

節目都是由各地的非職業製播人員，或業餘贊助個人時間製作規畫的。節目報導該地方的新聞或事務，訪問不同政治人物對當地某些施政的看法，也讓當地居民直接表達自己的意見或建議。

民間近用頻道早期只有在限定的範圍內可以收訊，也就是在放送範圍的居民可以收看。近年隨著網路的普及，每個民間近用頻道的節目都可以在網路上觀看或是收聽。有時候聽聽其他州州民對一些公共議題的不同看法和意見，實在很有意思，覺得德國人很會討論，也很樂於交換意見。

德國不同地方的區域近用頻道約有四十五個。廣播更是每一個州都有數個電臺，是非常強大的民間獨立意見傳達的表現。

民間近用頻道還有一個可愛的功能：報導記錄各地的民間事。民眾可以在近用頻道製作哪些內容呢？包含地區記錄的環保影片、旅行探險、救援野生動物、野放該地的保護動物、農業技術介紹、各季節的當令慶典活動、學校的成果展等等……讓民眾可以就近了解自己居住的環境。

婆婆最喜歡看這一區的近用頻道新聞，因為區域性的天氣預報比較細，而且有時候萊茵河淹水或是沿岸支流淹水的消息，只有在特定區域的電視臺才看得到。

德國的各近用頻道也會和該地方的大專院校合作，讓學生利用頻道的設施，製作學術研究的節目，做為學習的一環。

大城市的近用頻道，可以供給很多不同的人文視野。比如德國柏林的公民近用頻道，每年都會製播柏林影展的專題，邀請參加影展的導演和演員到節目中暢談創作心得。拜科技之賜，在網路上就可以收看柏林地區這種精采的近用頻道藝文節目。

我很喜歡德國民間近用頻道的設置，因為這些不同區域的報導和人事物，可以讓居民經由非商業或政黨操作的媒體，變得更有創意、有動力、有討論、有成長。

這一題的答案，你答對了嗎？

Part 2

有規範的自由，讓經濟更加蓬勃

1

德國聯邦法有規定雇主一定要讓工作者休假嗎？

看到這個題目你可能會笑出來吧？會有規定國民一定要去旅行的法律？而且是聯邦法？也就是說，德國人不休假可能就要違法？不用懷疑，德國《聯邦休假法》[1]（Bundesurlaubsgesetz (BUrlG)）絕對是讓你尖叫又喜歡的法。

先來介紹一下這個《聯邦休假法》：德國人每年在工作之餘，規定必須要休假。德國《聯邦休假法》規定雇主一定要給予員工，每年最少二十天的度假日（不論工作年資）。如果雇主沒給假就是違法，員工沒有度假，當然也是違法。

為什麼會有這樣的法規？

因為德國政府希望所有的受僱者、職工、技術人員和勞動者，都能從職業的疲勞中掙脫，將身心完全與平日的工作內容完全脫離，讓過度緊張於某項工作的情緒可以得到舒緩。所以，這條國家法律的用意，就是希望所有的工作者都能因強制的休假，使身心元氣恢復後，再繼續能量滿滿的回到工作崗位。德國政府相信只有元氣滿滿的工作者，才有能量把工作內容做得更精緻。

所以，德國《聯邦休假法》的宗旨就是：讓工作者恢復元氣。免得過度工作造成了職傷，工作能力和品質都會下降，反而得不償失。

休假，在德國是神聖不可侵犯的工作者權利。只要說出「我在休假」，或是「某位同事休假」，什麼事都得延緩到負責的人回來上班再說。

德國《聯邦休假法》自一九六三年頒布實施以來，已經讓德國的工作者習慣了每年都要有二十到三十天的元氣恢復假期。所以每年年底，大家就會很自動自發的把明年所有同事的度假喬定。而度假期間，為了遵循法律規定，度假員工不可以額外加班，老闆同事也別試著聯絡度假的員工。

度假員工自己也會完全脫離工作至少一星期或兩星期以上，對公事「不聞不問，完全失聯」也不會被任何人怪罪，因為這樣才是合法的度假態度呀！只有在有重大事故或事由需要被聯絡時，才可以破例。只是礙於法規，公司對於打斷員工休假皆是能免則免。

在路上遇見一位狗友。

「我正想問妳一件事。」她說。

這位狗友從事全球貿易類的工作，常需要以視訊和遠東亞洲各區的夥伴聯絡。

「亞洲人都不用度假嗎？」她似乎很好奇。

「妳怎麼會這麼問？妳應該知道亞洲沒有度假法？」我笑著回問。

「是沒錯啦，只是感到很不好意思。當我看見某些亞洲夥伴似乎永遠

stand by，不論晝夜。我真怕工作會毀了他們的家庭生活……」她溫柔的說。

「我了解妳的好意。只是德國人的度假觀念，大概會嚇到一些亞洲的工作者。因為年輕的創業者或者僱主，多半還沒有『人要好好休息才能恢復元氣』的概念。或許還會有擔心一去度假，老闆找不到人，工作就有可能被別人取代的恐懼心理吧。」我以為我正回答她的問題。

不料她打斷我，「妳說的我都知道，可是，人不休息哪能恢復？」她還是堅持這個德式度假條例概念。

其實，這位狗友提出的問題已經有很多德國人問過我。我覺得這是職場文化的差異，而這個差異，就是政府對工作者有沒有專業職能保護態度的差異。

德國政府為了強迫工作者休息，讓人能恢復能量，努力制定了嚴格的國家度假條例，讓工作者能安心工作，又有機會安心的休息。或許這種安心，正是德國國力的基本力量吧。

《聯邦休假法》是專門規範德國所有企業僱主和所有受僱者的法條。而公教人員、法官等各種公職人員，也有自一九五四年頒布的法官及公職人員專屬的休假條例。

政府官員也要守法的把每年三十天的假期用完，以身作則。國民大概也不想看到身心俱疲的政府官員吧。暫時離開工作一小段時間，是正常健康的人都需要的休息。當了官也還是人，身心健康的政務官，才會有健康的執政品質。

休假也不一定是去旅行，有人用這段時間做一些私人的學習或是單純在家休息。也有人利用休假擔任各種社團協會的無償義工。還有人喜歡在休假時替自己的房舍做修繕（德國有不少人的嗜好是ＤＩＹ修整自家房舍）。當然最多的就是離開自己熟悉的環境去養生度假，澈底從平日的工作疲勞中得到休息。

所有的假期按照德國休假法規定，皆必須為有薪假。

這題你答對了嗎？

1 想知道更多關於德國的《聯邦休假法》可以掃描 QR code（或以關鍵字 Bundesurlaubsgesetz (BUrlG) 搜尋）。

2

德國的休假天數是根據什麼計算的？

看過上一題而且知道答案之後，再看這一題就比較容易理解了。

或許有很多人會覺得德國人是否那麼有錢有閒，每年都可以排很多假期出遊，難道不用擔心工作不保？

其實，德國自從一九六三年頒布了德國《聯邦休假法》開始，所有企業和公司僱主如果不按照這個聯邦法給予員工每年至少二十天以上的假期，就是違法。而且按照休假法規定，不論年資、工作內容，每個工作者在一年二百六十五個工作天數中，除國定假日和週末外，還必須另有基本的二十到二十四天有薪假。如果工作者與僱主有另外簽訂合約，也可能有多達三十日的年休假期。

如果度假期間生病了，怎麼計算？員工可以在三天內（依公司規定可能略有不同）請醫師開出證明，傳送郵件到公司做為紀錄，即可由生病當日起改為病假，並保留剩餘的假期天數。

休假法中也有規定，僱主不可限制員工每次休假的日數。有時候因為週末和連假，工作者喜歡把中間一天非假期的工作日用休假來「搭橋」，這樣就能有一個放鬆的長週末假日。這是受到法律保障的，就算員工想要一次連續休假二十天，僱主也要尊重。

現在你可以知道，為什麼德國人一定會在年底開始喬次年的休假檔期了吧？因為當你每個同事都有二十到二十四天的假期時，如果不預先安排月分日期，那當你想安排休假日時，很有可能早就被別人喬走了。

所以在過耶誕前，就想著次年夏日的假期安排；在還沒過完春假前，就已經早早排定了秋日的旅行。這就是德國休假專法，讓工作者最努力又喜歡的歡樂休息超前部署。

這題你答對了沒？

3

星期天商店都不營業，那藥局有開嗎？

剛來到德國生活時，並不習慣這裡「星期日沒有店家營業」的生活習慣。總覺得星期六會很累，因為星期日沒有店家營業，就連菜市場也是關門的狀態，所以一定要趕著把週末需要的東西在星期六晚上六點之前買好才行。

商店星期日不營業的習慣，已由法律規定超過五十年的時間了，德國商店的營業時間法規是歐洲最嚴格的法令。德國一直堅持這個嚴格法令的原因，在過去是因為宗教信仰（基督教義解釋星期日為教徒休息和上教堂的日子），現今則是為了保護勞工的權益，政府希望勞工不要一週七天都工作，需有一天完全休息放鬆。鼓勵勞工在這一天發展自己的嗜好，從事與工作無關的休閒活動。

嚴格的法令規定，有例外嗎？有。

星期日還是有幾種商店可以例外營業，像是位於火車站或機場的商店、早晨營業的現烤麵包店、加油站的小商店，另外就是藥房。藥房是以輪休的方式來為星期日急需藥品的顧客服務。

那如何知道哪一間藥房值班或輪休呢？在每一家藥房的門前都會註明這星期日值班藥房的名字和資訊。急需藥品者可以前往該藥局買藥，藥局則會向購藥者收取幾歐元不等的外加服務費用。

然而即使是值班藥房，藥房門口也不可以如同週間那樣全部打開，買藥者按藥房的電鈴，才會有值班藥師出現。

德國的藥房也會聯合發行廣告刊物。這些如小畫報的廣告雜誌，是不少德國人喜歡索取的免費刊物。雜誌內容是介紹各種藥品或季節性需要的保健藥，比如：春天花粉過敏的藥丸和增加眼睛濕潤的眼藥水、預防季節交換時的關節痛……等等此類醫藥消息，都有效提醒顧客別忘了來買藥，達到促銷藥品的目的。

這個刊物還附有全德國的電視頻道節目播出時間表（像臺灣以前有一種刊物叫《電視周刊》），這對很多德國電視族來說非常重要。我家婆婆每次去拿藥，總是會帶回一本藥房電視周刊，查一查自己喜歡的電視節目播出時間。德國藥房確實很了解買藥者的心理，很會對症下藥！

這種雜誌也有網路版。會用網路的買藥者除了線上了解新藥的介紹，還可以搜尋各地藥房星期日輪休值班的訊息，這樣就可以直接到值班藥房買藥了。

這就是德國嚴格商店營業時間規範下，藥局星期日的輪休營業機制。

目前德國星期六的商店營業時間稍有放鬆，各州政府可以自行決定星期六放寬幾小時的延長營業時間。不過，僅限於星期六，星期日德國全國的商店依然都不可以開門營業。

4

德國的麵包烘焙師和甜點師屬於同一種職業嗎？

說到甜點，我覺得婆婆的蛋糕是最好吃的。過去德國女生結婚常會收到食譜當新婚禮物。婆婆的婆婆，也就是老德阿嬤，曾經上過德國專業烹飪學校。她的老食譜很多，光是看插圖和食譜文字（有些書年代久遠沒照片）都讓人垂涎。

阿嬤的食譜專書全都傳給了婆婆，婆婆又將這些食譜傳給了我。可惜的是，我手藝不精，對廚藝天賦低。唯一覺得書好的部分是喜歡它們的內容編排，還有對各種食材的解釋非常詳細，成了我上菜市場時的輔佐資訊。

比如肉要如何挑選，哪個部位的新鮮度要怎麼看，各種蔬果的新鮮度判斷之類的，簡直就是我的買菜聖經。食譜書對於食材的新鮮很要求，不新鮮的食材，免談。

老食譜分成：主菜魚肉野味烹飪食譜、麵包烘焙食譜和甜點蛋糕食譜。婆婆完全不會烘焙麵包，但她烘焙蛋糕的功力是我永遠望塵莫及的厲害。我只會一邊翻閱蛋糕食譜，一邊稱讚婆婆的蛋糕好吃。

剛到德國生活時，確實搞不清楚甜點師和麵包師這兩種職業的不同。其實，在多數歐洲國家，兩種烘焙專業可以互通，都稱為烘焙師。

只是德國和奧地利這兩個德語系國家，就是不把這兩種職業互通。甜點師就得登記職業是「甜點師」，烘焙麵包的職業就是「麵包師」。分得那麼清楚是有原因的。德國早在一八六九年就有一個聯邦法《商業登記法》，這個法令就是在細分各種商業登記的名稱和職業內容，一直延用至今，最新一次增修是在二〇二〇年的六月。

Bäckerei/Konditorei
Meisterbrief.
MEISTERBRIEF

正因為這樣的法令，每個行業都必須登記得很清楚。登記清楚之後，在那個行業中的相關法規才可以確實跟著執行。

比如：德國的甜點師，工作內容多半跟「糖」有關。所以，這個商業登記的工作內容，就有各種不同跟糖有關的專業法令。如果你是麵包師，工作內容必須用到不同筋數的麵粉還要具備酵母發酵知識，所以受到與麵粉烘焙相關法令的規範。

當然你也可以同時做甜點又烘焙麵包，只是兩個不同職業，就需要兩種不同的專業學習畢業證書。

來學習甜點師和麵包師的德文：Konditor 是甜點師，Konditorei 是蛋糕甜點店，Bäcker 是麵包烘焙師，Bäckerei 是麵包店。如果有一個店家招牌寫著 Bäckerei / Konditorei 就表示這位老闆有兩張畢業證書，或是有兩位不同專業的烘焙師[1]。

前面說到德國和奧地利這兩個國家，都把麵包師和甜點師兩種職業區分得很清楚。奧地利維也納的甜點店，真是精采到讓人流連忘返，整個甜點店都是好漂亮的蛋糕！到維也納上咖啡課時，總喜歡到不同的甜點店去享受這些漂亮又好吃的糕點。維也納最出名的是薩赫蛋糕（Sachertorte）、黑巧克力蛋糕，不用絢麗的外表也可以遠近馳名。這些好吃的蛋糕，就是甜點師的作品。

這一題，你答對了嗎？

---

1 德國各種工匠的資格，包括麵包師和甜點師，都來自職技學校，畢業取得學歷後，就可以得到職業工匠師資格。為了鼓勵職業學校的學生在畢業後可以繼續升級自己的工匠技術，德國另外設有專法《晉升培訓促進法》（Aufstiegsfortbildungsförderungsgesetz (AFBG)），學生可以透過此法申請晉升技術求學的貸款，鼓勵工匠進修。

5

在德國，誰都可以開肉鋪嗎？

剛來到德國生活的人最無法理解的就是，德國的每一個行業幹嘛都要搞得那麼專業又複雜!?實際生活過幾年之後，我們就會更深刻的感受到，每一個職業不僅要專業，而且學習過程更充滿各種細節要求。拿我們熟悉的德國香腸為例，要能夠製作德國香腸，並不是一件容易的事。

首先，我們得了解「屠夫」這個職業。德國的中學生時期便按照學習成績能力，決定以後要繼續升學讀書，或是進入專職職業學校。進入職校的學生就要專攻專業學習，成為德國的專業工匠，「屠夫」就是德國職業學校的專業學習之一。

德國的屠夫是一個古老的行業。因為專業的要求，職業學校學生必須學習很多專業的屠宰知識。在上學的同時也必須到肉鋪打工，實際練習學校的數學（必修）、物理、化學等學科知識。（德國教育學制為各州制定，在資格及學程上會有些許不同。）

要成為專業的屠夫，必須在職業學校修滿三年的專業相關課程。

大致上，第一年學習：動物屠宰分析、肉品質分類辨識、如何切肉分肉、了解屠刀的使用與各式香腸製作……最重要的是體能健壯，能獨自扛起半隻豬的屠體。

第二年，製作各種德國香腸的法定比例（德國有嚴格的香腸製作肉、水、脂肪的比例規定）。數學課程則是計算肉和其他添加物（鹽、香料）的比例。還要學習德國屠宰業法令的複雜衛生法規，以及屠宰業所用的各種製作機具和操作方法。

第三年，獨自處理整個肉鋪從切肉、製作，一直到販賣陳列所有肉品，還有生鮮處理的販售秩序法規。

用三年完成這些學習後，還得通過職業考試，才具有德國屠夫職業的資格。也就是說，沒有以上這些過程，就不能從事販賣或製作肉類食品的工作。

假設一個學生在十六歲時就決定自己未來就要成為屠夫，可以同時在肉鋪開始實習打工。德國屠夫的打工學習並不是容易的工作，如果專學切割屠宰，每天清晨兩點半就必須開始工作；如果學的是肉品製作屠宰，每天五點就要把已經切好的屠體扛上工作檯，開始切肉和接續下來的灌製香腸工作。這對十六歲的青少年來說，絕對是身心的大挑戰。只是，德國的工匠技術就是如此培養出來的，因為專業，沒有捷徑。

正因為這種嚴格的專業學習，德國的肉鋪（Metzgerei）至今仍延續古老的經營模式，肉鋪的肉品也不同於超市來自大工廠的包裝肉品。

德國肉鋪的肉品，都是由肉鋪的屠夫老闆親自挑選的本地農莊的豬或牛隻，每日新鮮製作的肉品。對於肉類品質較內行的顧客，當然會選擇專業的肉鋪買肉。

不過，學生在職業學校畢業後想開肉鋪，職業學校的畢業證書還不夠強。德國屠夫職業的更高要求，是開店者還必須取得屠宰業的「工匠大師證書」（Meisterbrief）。這代表工匠的專業技術再升級，屠夫的工匠大師考試要考：政府制定的肉品行銷經營秩序管理、肉鋪各種秩序管理規範和德國肉品標準物流，還要學習屠宰業的記帳和報稅知識。（通常這樣的學程為兩年，加上原本在職業學校的三年，整個專業修習至少需要五年時間。）

只有通過了德國屠夫工匠大師考試，有了「工匠大師證書」[1]，才可以登記開設屬於自己的肉鋪。

婆婆是德國肉鋪的忠實消費者。她喜歡由專業屠夫製作出來的新鮮肉品和食品。

「這個德國餃子好吃吧？」婆婆問。

「非常好吃！是哪家買的？」我邊吃邊問。

「這是本來在我們家附近的肉鋪的招牌餃子，後來換了地方開店，我還是會特地去買，別家肉鋪的餡兒就沒有這麼好吃。」婆婆得意的說。

婆婆真的是行家，德國的肉鋪都有自己專屬的特殊餡料配方，每家都不同。這些配方小祕密，也是德國傳統肉鋪的迷人之處。

超市裡的包裝肉品（與臺灣超市類似）依規定不可以稱為屠夫肉鋪肉品，因為這些分裝的肉品多半來自肉品工廠的大屠宰場，分裝者是工廠工人，並不具備德國專業屠夫資格。

[1] 德國各種專業工匠都有「工匠大師證書」的考試，由德國最高工藝管理協會Handwerkskammer（HWK）所進行和認證。

6 德國職業工匠的最高階證書是什麼呢？

我到美容院剪頭髮，看到店裡牆上掛了好幾張理容師的「工匠大師證書」，幫我剪頭髮的美容師蘇菲亞也有一張大師證書。

「哇！妳的大師證書是最『年輕』的一張。」我對蘇菲亞說。

「是不是很棒？」美容院的老闆聽到我說的話，立即稱讚了蘇菲亞。「她非常用功努力，工作後還再通勤去上課，這張證書得來不易。」老闆對蘇菲亞比讚。

「確實很辛苦，然而看到這張證書，自己也很滿意。」蘇菲亞笑著說。

蘇菲亞是職業學校美容科系畢業的，可以受僱在髮廊工作。但她想升級自己的專業技術，決定投資時間與金錢，繼續攻讀德國工匠大師學校，並在修業期滿之後參加德國工藝職技商會（等級類似我們認知的國家考試）的工藝大師資格考試。

這樣的考試相當嚴格，必須學習德國所有與該行業相關的最高等級技術、繁複的法令規範、人事管理法律規章、專業簿記和各項該行業的稅法。能得到這樣的工藝大師證書，我想除了自己滿意，德國的顧客們也會比較信任這樣的專業資格。

德國的各種傳統工藝有很悠久的歷史傳統。

早在歐洲實施封建制度的時期，日耳曼的工匠們就各自有所屬工藝的特定商會標誌，這些古老的標誌到今天還被德國的各種商業工會沿用著。比如一個槌子代表打鐵工藝，一個扭結餅代表麵包烘焙業，一個牛頭代表屠宰業。

德國的工藝技術專業認證源自一八九七年頒布的工藝工匠法，到了一九〇〇年，專業工匠工藝已經細分為七十多種。德國工藝精神和歷代嚴格規格下的訓練，讓德國人沒辦法「馬馬虎虎」的從事專業工藝技能。

「要做就做到好，不然就別開始。」是不少德國人的工作態度。也就是說，如果事情不專業就開始做，或是做到一半草草放棄，都是專業工匠不能忍受的工作態度。「差不多」是德國工匠不能接受的，每一公分每一毫米的精準，是工藝大師最基礎的認知。

「常練習，才能成大師。」這句話可能是德國人一生都沒辦法逃過的人生理念。從教育到各種工藝發明和製作，幾乎沒有不從嚴格的訓練和練習而來的。

那如果突然有了靈感呢？德國人一定會說，那得先把靈感作成計畫，再由專業的工藝者來實踐做出才行。我有一次問了一位德國鐵匠工藝大師，是不是素人就不可能鑄出完美的作品？他想了一下，很詼諧的回答：「當然可以，神話故事裡有不少這樣的例子。」

在德國，沒有「工匠大師證書」是不能開業的。雖然德國曾有過一段時期嘗試將資格放鬆一些，但在經歷了品質下降威脅，還有不夠專業而產生的職災事件後，還是決定恢復嚴格的工匠大師證書開業機制。

幸運的就在寫這篇文字的同時，門鈴響起，原來是已經預約好時間要清掃煙囪的工匠來了。清煙囪工匠是歐洲自十四世紀就出現的工作，十九世紀就有清煙囪工匠法，德國把這個職業歸類在專業工匠的領域[1]。

現代清煙囪工匠也需要通過「工匠大師證書」的考試。清煙囪工匠當然不是只有檢查煙囪的狀況（煙囪有堵塞就會一氧化碳中毒），還要檢查瓦斯暖氣機上的各種安全數據紀錄和室內通風情況，以及所有暖氣的狀態是否正常。如果有壁爐，廚房的抽風機就必須裝置窗戶警示系統（此系統必須與廚房抽風機和最近的窗戶連接，以免壁爐燃燒時，抽風機快速抽出氧氣，導致一氧化碳濃度過高產生危險）。

如果有房舍想要裝置燒木柴的壁爐，這個專業工作也要由清煙囪工匠大師來執行完成，也就是說，購買壁爐之後，接管線和安裝的工作都不可以自行施作，沒有清煙囪工匠資格的人安裝的壁爐，就是違反了德國的《煙火安全防治法》。

清煙囪工匠每年都要到所負責城市的住宅中逐一檢查，並把這些火災防治紀錄提報給政府存檔。他們有專業的偵測機器，所有數據只要與家中的暖氣系統裝置連結，就可以直接成為數據資料。

「您好嗎？我今天開始工作前，已經到快篩中心做了COVID-19檢測，結果為陰性。」清煙囪工匠說。

「太好了！我們都要保持健康。」我回答。

全球疫情開始之後，德國的專業職技工匠們要進入室內工作前，都必須到快篩中心做檢測，並得到陰性證明後才可以開始一天的工作。

每年只見面兩次的工匠大師既然來了，當然要抓住機會請教一下。

「想請教您，為什麼有些職業需要工匠大師資格，而有些職業又不用呢？」我問煙囪工匠大師。

「這個問題的答案很明顯，攸關人身和環境安全的工藝，就需要工藝工匠的高標準訓練。比如水電工、我的煙囪工匠工作、鐵匠、屠夫、烘焙師……這些工藝都必須具備專業的知識訓練，才能保護人的生命，不是嗎？一般的工作如貼壁紙，就不需要了。」煙囪大師客氣的回答。

他的回答真的很專業！想一想，德國所有的工藝工匠大師職業，的確都是為了保護人的生命安全做著專業的努力。

「感謝回覆！真是太專業了！您檢查了暖氣和煙囪，都沒問題嗎？」我問。

「一切都合格，完美！」煙囪大師很滿意的回答。

想知道德國傳統工匠大師的職業還有哪些嗎？看完一定會讓你想選個專職學習，成為某行業的最高階大師的。

• Augenoptiker（光學配鏡師）

- Bäcker（麵包烘焙師）
- Boots- und Schiffbauer（船舶和艦艇製造師）
- Büchsenmacher（手工槍砲製造師）
- Brunnenbauer（鑿井探勘師）
- Chirurgiemechaniker（外科醫療器材製造師）
- Dachdecker（屋瓦師）
- Elektromaschinenbauer（電器機械製造師）
- Elektrotechniker（電氣工程師）
- Feinwerkmechaniker（精工器材師）
- Fleischer（屠夫）
- Friseure（美髮師）
- Gerüstbauer（工程鷹架師）
- Glasbläser und Glasapparatebauer（玻璃器具吹製和玻璃工具製造師）
- Glaser（玻璃上釉師）

- Hörgeräteakustiker（聽力檢測師）
- Installateur- und Heizungsbauer（暖氣加熱系統安裝師）
- Informationstechniker（資訊工程師）
- Kälteanlagenbauer（冷卻系統工程師）
- Karosserie- und Fahrzeugbauer（車體和車輛製造師）
- Klempner（金屬扳裁冶煉師）
- Konditoren（甜點師）
- Landmaschinenmechaniker（農業機具製造師）
- Kraftfahrzeugmechaniker（汽車工程師）
- Maler und Lackierer（塗料上漆師）
- Maurer und Betonbauer（砌磚和混凝土師）
- Metallbauer（金屬鑄造師）
- Ofen- und Luftheizungsbauer（壁爐和煙囪建造師）
- Orthopädieschuhmacher（醫療製鞋師）

- Orthopädietechniker（義肢裝具師）
- Schornsteinfeger（煙囪清掃師）
- Seiler（繩索製作師）
- Steinmetze und Steinbildhauer（石雕師）
- Straßenbauer（造路師）
- Stukkateure（石膏灰泥裝飾師）
- Tischler（木匠）
- Vulkaniseure und Reifenmechaniker（輪胎品質鑑定師）
- Wärme-, Kälte- und Schallschutzisolierer（管線隔冷隔熱包覆製作師）
- Zahntechniker（牙模製作師）
- Zimmerer（木造工）
- Zweiradmechaniker（兩輪機械車或單車製造師）

二〇二〇年德國工藝工匠大師考，新增了以下這些職業的大師項目。

也就是說，以下這些職業從此也必須通過考試得到大師資格證書後，才可以在德國申請職業登記和開業了。

- Fliesen-, Platten- und Mosaikleger（鋪瓷磚、地板和馬賽克拼花磚施作師）
- Betonstein- und Terrazzo-Hersteller（混凝土和水磨石子地磚製作施作師）
- Estrichleger（建築熨平版裝置鋪設師）
- Behälter- und Apparatebauer（機械器具成品製造焊接師）
- Parkettleger（木質地板鋪設師）
- Rollladen- und Sonnenschutztechniker（隔陽隔熱捲動窗簾技術師）
- Drechsler und Holzspielzeugmacher（木雕和木質工具製作師）
- Böttche（木製釀酒桶製作師）
- Glasveredler（玻璃光學磨造師）
- Schilder- und Lichtreklamehersteller（招牌廣告看板設計製作師）

- Raumausstatter（室內裝潢設計師）
- Orgel- und Harmoniumbauer（管風琴及其零件製造師）

1 德國每種職業都有學徒制，對該工作有興趣的學習者，可以到這些工藝大師所開設的店家應徵成為熟練工（別忘了「常練習，才能成大師」）。但是熟練工不可以開業，只能是受僱者。

想了解德國的清煙囪工匠聯邦法，可以掃描 QR code 參考（或以關鍵字 Schornsteinfeger-Handwerksgesetz (SchfHwG) 搜尋）。

7

德國對咖啡這個商品有獨立的稅法嗎？

其實這題的答案，不少德國人也不知道，甚至在聽到時也感到很有趣。

我第一次聽到這個古老的咖啡稅歷史時，覺得實在太有意思了！歷史說書人是維也納的艾得包爾教授，他對於咖啡的知識貫穿古今歷史，科學和實務並進。由艾教授講授的咖啡課，總是精采。

簡略解釋一下：

十七世紀，當神聖羅馬帝國解散之後，德意志聯邦成立了德意志關稅同盟。在同盟國中可以彼此運送貨物。隨著時空改變，雖然進入歐盟時代，歐洲也成為更大的關稅同盟，然而德國在咖啡稅方面，還是採取保留進口關稅的古老歷史政策。

德國曾有大型咖啡公司發起請願，期望德國聯邦政府停止徵收咖啡稅，而此請願最終被德國聯邦政府駁回。咖啡稅可為德國財政帶來的經濟規模可觀，德國每年徵收的咖啡熟豆稅（已經烘焙可飲用的咖啡）達到十億歐元。

德國咖啡稅重點整理[1]：

- 咖啡生豆進口免稅（歐洲不生長咖啡豆，皆為進口）；咖啡生豆經烘製為可飲用的熟豆，必須繳納咖啡稅，每公斤2.19歐元；即溶咖啡也要繳咖啡稅，每公斤4.78歐元；私人家庭烘焙，純自用無商業營利，免稅。
- 歐盟自用咖啡過邊境免稅（十公斤以下），從歐盟其他國家郵寄咖啡到德國，其咖啡即是「進口商品」，需繳納德國進口咖啡關稅。因德國對咖啡仍設有「邊界」，此關稅邊界並未因歐盟成立而撤銷。
- 在歐盟國家旅行，非商業目的自用咖啡（十公斤以下），不需徵收咖啡稅。

德國對於咖啡的進口稅法，不僅僅針對已經烘焙的熟豆徵稅，對於進口的使用目的（食品材料製作）也有不同的徵稅項目。不同的稅目在進口前就必須申請正確使用目的，一旦進口稅則號碼確定就不能再更動了。德國的進口稅十分嚴謹和複雜，咖啡稅就是最好的例子。

1 挑戰試算看看吧：一包五百公克的咖啡熟豆，假設在德國售價是4.99歐元，那麼扣除咖啡稅後，是多少歐元？想了解更多關於德國聯邦咖啡法，可以掃描QR code或以關鍵字KaffeeStG搜尋。

8

在德國養狗，需要繳稅嗎？

德國的小狗一出生就必須繳交狗稅[1]。跟上一章的咖啡稅一樣，狗稅是歐洲十八世紀時的德語區就已經開始徵收的古老稅則。

德國的狗稅是地方稅，每一個聯邦州中的城市，可以各自規定繳交標準，沒有全國一致標準，每個城市的網頁資訊中都會清楚列出相關資訊與金額。

德國這個古老的稅制是在十八世紀時，為了控制犬隻的繁殖數量而產生的。延續到今日，除了讓德國的流浪犬數量少於其他歐洲國家，也讓非法繁殖犬隻無機可乘。

德國每一隻狗在來到主人家後，二至四週之內，主人就要把這隻狗的出生證明、預防針施打證明和主人的有效證件，為這隻狗到市政府的秩序局做入籍登記。當狗有了居住地址的登記入籍，就得開始繳交狗稅，並得到完稅狗牌。也就是說，只有在完成這些手續之後，這隻狗才能合法的和主人居住在登記的城市。

狗稅須每年繳交，不交的話會怎樣？這是犯法的行為，會在秩序局稽查時，被罰數千歐元不等的罰金，愛狗人都不會因小失大。

狗稅不會因為搬家而消失。所以，主人搬到哪，狗狗就必須跟著主人一起登記入籍新地址，繳交狗稅之後，才能得到新居住城市的合法狗牌。

合法的狗會有合法繁殖場或領養機構的證明、植入晶片的紀錄，還有獸醫的預防針接種紀錄簿。這些相關資料在狗主人帶狗一起旅行時，都必須隨時準備好，以供查詢。

如果把狗送人或是換主人，以上手續都必須由新主人重新進行一遍。

我認識一位小姐，她的工作就是在市政府的狗稅部門工作。

「我們有時候需要協助秩序局或流浪狗尋找登記資料。」她告訴我。

「通常是什麼情形需要找妳們？」我好奇的問。

「迷路的狗，或是出車禍受傷，主人不在身邊的狗。還有就是主人忘了給狗帶狗牌，剛好秩序局緝查狗稅，就會要我們查看看，這些狗是否有繳稅。」她回答。

「有狗不用繳稅的嗎？」我又想到一個問題。

「有，導盲犬、搜救犬、警犬，還有從動物之家領養的狗，有些城市也是免稅的。不過，只要是凶猛的鬥牛猛犬類的，就需要加倍繳稅。」她專業的解說。

「那麼氣質卡一定要繳，她除了會認證樹枝之外，好像沒有其他專長……」我看看氣質卡說。

「哈哈！可愛！」狗稅小姐看著咬著一根大樹枝的氣質卡大笑[2]。

在德國生活的每一隻狗，都必須繳交一生的狗稅。最傷心的事當然就是，狗狗老了、生病了、離開了……當小狗去了彩虹橋，狗主人就要儘快去市政府的秩序局，為小狗辦理除籍手續。為小狗除籍必須先由獸醫開立一張死亡證明，在除籍申請時檢附。除籍手續辦理之後，才不會在新的年度收到市政府的狗稅徵收單。另外，德國狗稅是一種地方消費稅，不可以申請退稅喔！

1 德國各城市皆有自行訂定之狗稅收費規範和金額標準，可在德國各城市的網站上，查詢最新的資料和訊息。

2 《氣質卡小狗學堂》也有提到狗稅相關內容，有興趣的讀者可以參考。

2016 2022
German

9

德國雞蛋上的密碼，你看得懂嗎？

雞蛋是很平常的食物，然而在歐盟國家，雞蛋卻是嚴格管制的農產品。到底有多嚴格？先從我的一次海上旅行經驗說起。

我的蜜月旅行，是從英國的南安普敦搭乘伊莉莎白皇后號郵輪前往紐約，浪漫的蜜月卻是本人一路尖叫一邊暈船。要抵達美國的前一天，我餓了好幾餐的肚子咕嚕咕嚕叫，決定到餐廳吃早餐。可是，一點胃口都沒有怎麼辦？那先來顆跟鄰桌客人一樣的熱暖暖的白水煮蛋，補充一下體力吧！

客氣的餐廳服務員卻對我說：「現在起停止供應雞蛋。」

我不解的看看隔壁桌的客人正吃著水煮蛋，而且是剛剛上桌的，好想吃……

善解人意的服務人員看到我失望的眼神，立即向我解釋：「因為隔桌的雞蛋是在船還沒進入美國海域前就點的，而我們現在已經通過了美國的水域國界，從英國帶過來的雞蛋就不可以供應了。」

原來，英國的雞蛋在美國境內就得符合美國農業的輸入標準！英國郵輪上的雞蛋現在變成了非法入境的農產品，礙於海關規定，不可以提供。我只好眼巴巴看著鄰桌的水煮蛋興嘆，再恨一下自己怎麼不在越過海上國界前，趕快點一顆水煮蛋！我也幻想著廚師在越過國界前一刻，趕快把雞蛋煮熟撈起來的動作。這是我頭一回體會到雞蛋的農業國界限制。

接著，就是在德國的雞蛋體驗故事。

有天去買菜，市場擺雞蛋的貨架被清得空空如也！詢問超市員工，原來雞蛋被驗出戴奧辛金屬超標，德國農業部立即通知各邦州下架問題雞蛋。這時總要等上好幾天，才會有無汙染，通過檢測並符合標準的雞蛋再上架。

為什麼雞蛋會被回收？有可能是雞隻飼料中的農藥或戴奧辛含量過高，或是生產蛋的養雞場爆出雞瘟，甚至雞隻養殖違反了分級飼養規定，都會影響雞蛋的銷售。

「妳等下去買雞蛋時，不要忘了看編碼。」婆婆提醒我。

我想起有幾次疏忽，沒有看清楚蛋上面打印的號碼，買到了婆婆不想吃的分級的蛋，也因為如此，我才開始認真了解蛋上的編碼代表資訊。

蛋上面為什麼要有編碼？很簡單，為了食安。因為蛋是有沙門氏菌的農產品，而且一受到汙染，就會嚴重危害食用者的健康。蛋上面的編碼可以管控溯源，一旦出現問題，可以讓政府機關立即找到正確的汙染出處。

德國的每一顆雞蛋上都會打印一個農業資訊編碼，這不僅只有在德國，整個歐盟都是一樣的法規。一起來了解雞蛋上的打印編碼吧！

雞蛋編碼的號碼位置是這樣解讀的，由左至右，第一個代碼代表養殖系統。

0：Ökologische Erzeugung（有機養殖）

1：Freilandhaltung（放養）

2：Bodenhaltung（圈養）

3：Käfighaltung（雞籠豢養）

假設我們要買有機農業養殖系統雞隻產出的蛋，那就要選購第一個編碼是0的雞蛋。

第二個編碼是國碼，這樣就可以知道雞蛋是從哪個國家來的。

T：Österreich（奧地利）

BE：Belgien（比利時）

DE：Deutschland（德國）

NL：Niederlande（荷蘭）

假設我們想買德國雞隻產出的，就要挑第二個編碼標示為DE的雞蛋。

第三段編碼是一串數字，代表德國聯邦州與養殖機構雞舍的代碼。德國各邦州的州碼是這樣的：

01：Schleswig-Holstein
02：Hamburg
03：Niedersachsen
04：Bremen
05：Nordrhein-Westfalen
06：Hessen
07：Rheinland-Pfalz
08：Baden-Württemberg
09：Bayern

10：Saarland
11：Berlin
12：Brandenburg
13：Mecklenburg-Vorpommern
14：Sachsen
15：Sachsen-Anhalt
16：Thüringen

假設雞蛋是來自黑森州（Hessen），代碼就是06加上5碼，這5碼代表養殖者機構的代號和其雞舍辨識代碼。

所以像下面這只雞蛋上打印著0-DE-0660451，翻譯出來就是：「有機雞蛋－產於德國－黑森州代碼為60451的XX養殖場之

特定XX雞舍」。

這是法律規定必須打印的銷售編碼，如果雞蛋有任何問題，只需回溯這些號碼，就可以快速找到源頭，也可以快速從市場上回收銷毀。

雞蛋的蛋盒包裝上，同時也要標明雞蛋的大小分級，德國雞蛋的大小分級有準確的標準，如下：

XL：超大，雞蛋重量達七十三公克或以上

L：大，雞蛋重量在六十三到七十三公克之間

M：中，雞蛋重量在五十三到六十三公克之間

S：小，雞蛋重量未達五十三公克

S的雞蛋通常出現在農夫市集，這些雞蛋多半來自剛剛開始下蛋的雞隻。據農夫市集雞蛋攤老闆分享給我的資訊，S雞蛋蛋殼的鈣質較多，蛋黃飽和。而雞蛋越大，蛋殼就越薄，蛋黃的飽和度也越稀。每種大小的蛋我都試過一遍，確實風味上都不同。

農夫市集上販售的農場雞蛋可以不打印號碼，農場主人會有一個政府

核發的雞蛋合格認證證明，擺攤時必須出示在攤位上，並且只能在距離農舍一百公里之內的範圍販售。

德國的雞蛋必須是新鮮剛產下的，才能做為食用的家用雞蛋販售。這些新鮮的雞蛋是A級蛋，可以保存二十一天，超級市場和農夫市場，都只能販售A級蛋。B級蛋不能販售給一般消費者，多半提供食品製造業使用。等級的分類標準是按照蛋殼和角質層的狀況、氣室、蛋白、蛋黃和雞蛋的氣味來篩選。

有機雞蛋方面，雞隻的飼料必須符合有機飼料的規定，來源也要有產品溯源編碼。所有的養殖環境都得符合德國聯邦有機農業的規範，每隻雞要有四平方公尺的空間可以活動。

圈養雞舍範圍的地面要有各種自然材質的物質覆蓋，比如稻草、木屑、沙子或粘土。

婆婆最喜歡的還是農場新鮮的雞蛋，因為除了認識農舍主人，也可以看到母雞在農場上跑來跑去的自然和快樂。最重要的是超級新鮮，新鮮的雞蛋烘焙蛋糕最好吃。

德國每顆雞蛋上的分級編碼，是不少消費者的購買依據。這樣精細的品質控管，除了讓國民安心，健康的食物也是國民健康的基礎。

一起做個小練習吧！

練習1. 試著翻譯一顆雞蛋上的編碼：01-DE-1112341（五位數字為假設數字）

答案：＿＿＿＿＿＿

練習2. 把下列資訊翻譯成雞蛋編碼：圈養雞—德國—漢堡12341

（五位數字為假設數字）

答案：＿＿＿＿＿＿＿＿

練習3. 雞蛋M的重量是＿＿＿＿公克？

10

德國對於蜂蜜的品質有什麼規範？

從巴黎起飛，方向印度洋，十小時之後，我抵達了法國的海外省：留尼旺島。

這個小小的島上，有我這個業餘咖啡迷嚮往的咖啡原生品種：波旁咖啡。為了看這個咖啡品種的發源地，一趟遙遠的旅程絕對值回票價。

留尼旺島古稱波旁島，這島上除了有美味的波旁咖啡，還有世界上最優質的波旁香草。當然，還有各種水果，甘蔗也是重要的經濟作物。

這篇文章的重點不在咖啡或香草，而是我發現這島上的農業種植相當注重有機。整個產業的研究與法國本土的各農業大學有著很多的交流，不斷更新連結最新的科技研究，甚至藉由高科技衛星的偵測輔助來進行。

我很敬佩這樣專業的有機農業，與在地的農人或咖啡莊園主人聊天，他們都一再說明，有機環境不僅僅是不使用含化學毒性的殺蟲劑或不添加生長激素，最重要的是保護土壤。土壤中的各種小蟲和微生物可以讓土壤有機變化，製造更多養分，是植物生長最重要的基石。如果沒有這些健康的土壤，水土的保持和土壤的品質一定會下降，連帶讓植物只能不斷藉由化學藥劑來助長，汙染便成了魔鬼循環，農人們也強調，保護動物是有機農業的基本工作。

農人們對保護動物的身體力行令人感動，不消滅驅趕農場上的結網蜘蛛，因為這些成千上百的蜘蛛，是吃掉各種果蠅的重要幫手，根本不用再花成本去買殺蟲劑，空氣中沒有大量殺蟲劑，對整個地球的生態循環當然利大於弊。

當我參觀留尼旺的植物園時，在生態環境保護長廊上看到一個可愛的蜂箱。解說牌上介紹，蜜蜂是大地最重要的守護神，地球上有百分之八十左右的蔬果植物，都要依靠蜜蜂的授粉才能結果，是效率最高的授粉昆蟲。如果有天蜜蜂消失了，留尼旺所有美好的植物，甚至全世界的環境，終將一片荒蕪。

這個解說上對於蜜蜂的認知，非常真實。

公公在世時是德國養蜂協會的成員，他一生最大的嗜好就是養蜂，因為不管德國如今是世界上是多麼發達的精工或重工業先進國，依然對蜜蜂千古以來在自然環境中扮演的重要高端生態角色十分尊敬。

公公也常常和德國的蘋果農夫們合作，將蜂箱擺在果園，幫忙蔬果授粉。如此農夫們有更多的蘋果產出，公公也可以釀出好吃的蜂蜜。

在德國許許多多的農業研究中，都一再顯示有健康蜜蜂授粉的蔬果就有高品質。

德國的蜂蜜銷售，要先遵循歐盟農業法規和德國農業法規下的行政法令[1]。消費者在購買時，蜂蜜罐上的銷售標籤必須標明蜂蜜產國（歐盟內或歐盟外進口）。不同產地蜂蜜的比例（XX國混合XX國之比例）和蜂蜜的有效期限、成分標示清楚的蜂蜜，表示受到各相關單位的品質檢查，蜂蜜若是水分含量過高，容易快速發酵成為細菌的溫床。

蜂蜜來自蜜蜂養殖，是一門相當古老又相當專業的知識。德國的養蜂人協會有著比政府制定更嚴格的蜂蜜釀製規則，會員都必須嚴格遵守總會所制定或最新修改的標準來釀造蜂蜜。

養蜂協會的成員只生產該區域的蜂蜜，才能清楚標明蜂蜜來自哪一區域或哪種植物。比如：德國黑森林的蜜露蜂蜜，或是萊茵河流域栗子樹蜂蜜、原野野花蜜等等……德國消費者對蜂蜜也很講究，有些人甚至光從蜂蜜的深淺顏色就可以判斷大概來自哪種植物。

我以前根本覺得這是不可能的事，直到看見公公從不同植物生長區域釀造出來的蜂蜜之後，才發現這是可能且必要的蜂蜜品質要求。像是蜜露蜂蜜的顏色是醬油般的深棕色，明顯與其他植物的蜂蜜顏色不同，黑森林冷杉松樹有傳統藥草的健康加值但產量稀少，讓蜜露蜂蜜是不少德國蜂蜜老饕們的最愛。

如同雞蛋，德國的蜂蜜也有分級，分級的目的也是為食品安全。

德國養蜂協會嚴格規定食用級蜂蜜的含水量。每一批蜂蜜的含水量都必須過濾檢測，以免糖分甜度一遇到溫度上升就會滋生細菌，造成食品安全一發不可收拾的危險。

養蜂協會會員出售合格的蜂蜜（其實每位養蜂人的蜂蜜數量都很有限，扣除整年辛苦養蜂工作，盈餘不多，只能算是嗜好分享），為與市售營利蜂蜜做區隔，會員必須使用德國養蜂協會的特有標籤。除了標明蜂蜜的種類、有效期限外，也要註明養蜂者的名字和地址。我曾經利用閒暇時間幫公公貼蜂蜜標籤，趁機學到不少專業的食用級蜂蜜的常識，進而了解德國蜂蜜的分級和各種規範。當我學會品嘗各種類蜂蜜的好風味後，市售的養蜂場混合蜂蜜再也無法吸引我了。

德國的養蜂人都不是以養蜂為主業，就如同公公的工作專業是釀葡萄酒的化學檢驗，對於精純質良的農產品總有一份喜好。

養蜂人對於大自然環境的汙染或變化跟蜜蜂一樣敏感，公公常說，當蜜蜂不去哪裡採蜜時，就表示那一區的環境開始有汙染，絕不會靠近。德國的養蜂協會一直在民間扮演類似大自然觀察員的重要角色，政府環境的開發如果有汙染，養蜂協會各地會員絕對會立即發現。

為了回復大自然的生態環境，將原始的天然條件還給蜜蜂，聯合國在二〇一八年將每年的五月二十日定為「全球蜜蜂日」[2]。

這個全球蜜蜂日，鼓勵全球的環境守護者一起為蜜蜂的優質生存空間努力，喜愛蜜蜂的德國當然也高度參與加入。五月有很多小昆蟲開始在植物間覓食，德國家長們剛好利用這樣的蜜蜂日和小孩一起實踐體驗這個節日的真正精神。

定在五月二十日還有另一個原因，這天是安東．揚沙（Anton Janša）的生日，他是斯洛維尼亞共和國人，他的年代正值哈布斯堡王朝的全盛時期，當時的女皇帝瑪麗亞．特蕾莎曾經邀請這位養蜂先驅到奧地利維也納主持一個專業養蜂學校。人文薈萃的維也納，除了發揚光大了咖啡館文化，十八世紀也已開始講究蜂蜜的品質，歐洲人在提升食品品質的歷史上確實淵源久遠。

大多數人沒有養蜂的機會，然而還是可以經由以下幾個方法，保護蜜蜂的健康生態環境：

- 多買本土講究品質農家的合格蜂蜜
- 減少使用毒性植物殺蟲劑或生長激素
- 讓野生花草有生長的空間
- 督促政府和相關單位，對於施肥條件的規範和輔導農藥的正確使用
- 民間養蜂協會和研究單位協力制定，適合本土提升蜂蜜釀造的科學食安規範
- 鼓勵國民各個年齡層，積極參與全球國際性的蜜蜂或養蜂交流活動

・大量種植窗檯植物，讓蜜蜂在城市也有生存的機會

・學校教育加強辨識各類昆蟲和生存習性的學習，以及保護野生蜂巢的知識

「哇！小鳥又來喝水了！」婆婆又在欣賞她精心布置的「花園小鳥TV」。

「好可愛喔，小鳥走了又有蜜蜂來喝水！」我尖叫著說。

「他每次都說，不要忘了在蜂箱旁擺一小盆清水，以免蜜蜂要飛很遠才能喝到水。」婆婆想起了過世的公公。

「是啊，我還記得爸爸總是細心的在水盆放幾個養蜂人專用的保麗龍小浮球，讓蜜蜂可以停駐以免蜜蜂溺水。」我想起了這個往事。

當人類能以愛心與細心對待萬物，自然而然就會有溫暖作為。

僅以此篇文章，獻給並追念大半生在工作閒暇之餘，在德國森林和原野上，暖心照顧著蜜蜂的公公。

不要忘了留尼旺小島上的那個告示牌寫的：「沒有了蜜蜂，地球終將一片荒蕪。」[3]

1 原文為Rechtsverordnungen。德、奧、瑞士三國特有的法治概念，當基本法頒布之法律需延伸於某區域邦州時，由聯邦政府或各地方政府對於該地方之狀況所訂定，屬行政命令範疇中的法規命令。此行政法令需和其相關之基本法源相接連，且不可與總法之立法相關精神及基本法規定抵觸。

2 什麼是全球蜜蜂日？歡迎掃描QR code查看更多資訊。

3 我在《溫柔的心，強大的力量》書中也提到許多關於環保的故事，歡迎延伸閱讀。

11

德國冰淇淋的成分有法令規定嗎？

如果有人說：「年長者就不再有浪漫的感覺。」我一定強烈反對，為什麼？看完以下這則故事，你就明白我為什麼這麼說了。

母親來到德國看出嫁的在下，母女兩人相見歡。某天和母親下午喝咖啡閒聊，她突然這麼說：「既然來到歐洲，妳知道我最想去哪兒嗎？」

聽到媽媽這麼問，本人趕緊回答願聞其詳。

媽媽突然眼睛露出如小女孩的眼神，說：「我最愛的電影是《羅馬假期》，很想到奧黛麗．赫本坐著的那道樓梯上也去坐坐，妳知道那個片段吧？就是奧黛麗．赫本在吃冰淇淋……」

哇！我當然知道這個超級浪漫的場景，正是男女主角最動人心弦的一場戲！奧黛麗．赫本坐在西班牙階梯上吃著 Gelati（意大利文冰淇淋），男主角為了完成女主角泡羅馬露天咖啡座的願望，牽起了女主角的手，真是溫柔的心動時刻[1]！

母親這浪漫的願望我們當然立即辦理！

幾天後，我們就到了羅馬的西班牙廣場，找到了電影場景的位置。媽媽太高興了，露出了美麗的微笑。

「等一下！場景對了，但還缺一個東西。」老德先生故作神祕的說。

「？」媽媽和我都露出了疑惑的表情。

「你們都忘記冰淇淋了。」老德先生搖搖頭說。

哈哈！老德先生確實很嚴謹，但我猜表面看起來認真，其實只是想吃義式冰淇淋吧？

跑去買了 Gelati，我搞笑的請老德先生假扮男主角，站在吃冰淇淋的媽媽旁邊，我則充當攝影師，拍下這有趣的一刻。媽媽的願望達成囉！這個她不知道看了多少遍的《羅馬假期》片段，終於由她自己親自演出，真是太滿意了！

由此可見，浪漫的場景和冰淇淋，都是人生不可或缺的重點回憶喔！

為什麼先說這個故事？因為歐盟中最出名的三個冰淇淋大國，就是義大利（Gelato）、法國（Crème glacée）和德國（Eis）。這三個國家對於奶製品與其相關食品的品質控管，都會反應在冰品的品質上，又因為義大利和法國是最早開始用鮮奶來製作冰品的歐洲國家，自然在其相關經驗值和名聲上，有一定的累積。

至於德國，是從一九三三年開始對冰品製作有法規管理，據說是歐洲最古老的食品規範之一。德國的冰淇淋除了遵循歐盟的奶製品相關規定外，還得遵守德國各邦州的法令，這些政令對於冰淇淋的成分和衛生條件都有嚴格的規範要求。

德國的冰淇淋按照製造規範[2]，基本成分是：奶油、雞蛋、糖、蜂蜜、飲用水、水果、牛油、濃縮牛油、植物脂肪、調味劑，如果是水冰（像臺灣刨冰那樣水含量高的冰沙），則可以加入水果果漿。

冰淇淋種類分成：水果冰沙、霜淇淋、牛奶冰、奶蛋混合冰。這些冰淇淋都有規範成分，也就是說，要製作哪一種分類的冰淇淋，就必須把該分類的法定內容成分百分比混配正確，不然就是不合法令的冰淇淋。同樣的概念，也適用於大工廠冰品的製作。

最新修訂的德國冰淇淋行政法令，不允許發酵過的酸奶類製品加入冰淇淋，當然也是出於食品安全的考量。德國也有有機冰淇淋，就是以上所有的冰淇淋成分都必須完全使用有機認證的材料，才算合於法規。

德國有一種職業是「冰淇淋製作師」。這個資格認證是高品質冰淇淋店的基本要求，因為冰淇淋成分中大多含有奶，其易酸敗腐壞的特性，會直接影響冰淇淋的食品安全。製作材料的新鮮度，是德國冰淇淋製作的重要基礎原則。

「冰淇淋製作師」在通過資格考之前，要接受哪些課程呢？

冰淇淋材料內容製作：細菌學、消毒措施、衛生法規、穩定劑的法規安全用量、奶製品殺菌工藝、乳化劑、食用色素、法定添加劑種類。

冰淇淋銷售法規：冰淇淋之正確內容標籤、冰淇淋的製作調配技術規範、冰淇林的口味平衡、企業文化、行銷和口味調配實踐練習。

以上的課程內容，讓通過資格考的冰淇淋製作師可以製作出合於秩序法規，衛生又好吃的冰淇淋。

正因為這些法規和扎實的學習訓練，德國的冰淇淋確實是很得民心的消暑食品，只要夏天一到，滿街盡是邊走邊舔冰球的大人小孩。德國人最喜歡吃的是奶油冰，因為濃濃的牛奶加上各種口味，感覺健康又補鈣。至於水冰，是水和各種水果糖漿的結合，沒辦法拿著邊走邊舔，就一定得在露天咖啡座享用了。

「什麼時候約吃冰？」是德國人夏天常和朋友見面的理由和開場白，就像耶誕前，朋友會互問何時約出來喝耶誕市集燒酒一樣。

「跟妳報一下，城裡有新開的冰淇淋店！」鄰居夫婦拿著剛買的冰球，看到我立即通報。

「看起來很好吃！」我尖叫。

「這家的製冰師太棒了！我們掛保證，方圓五十公里的冰，這家最讚！」鄰居稱讚。

鄰居這對夫婦對美食超有興致，每次遇見都有這種好吃美食的消息。一球冰淇淋不過一歐元二十分（大約四十元臺幣），竟可以帶給人如此開心的感受，我猜這就是一種德式物好價廉的小確幸。

我一話不說立即跟進，嘗了之後確實美味不假！趕快又報給愛吃冰淇淋的婆婆知道。婆婆是冰淇淋的忠實消費者，她最喜歡買了冰邊走邊吃，快樂得像個無憂無慮的小女生。

希望有機會再去一次羅馬西班牙廣場，在階梯上吃Gelati，懷想已經在天堂和爸爸一起吃浪漫冰淇淋的可愛母親，或再去巴黎的咖啡座吃個大杯的Crème glacée，邊旅行邊品嘗用心製作的好冰淇淋，真是人間一大享受。

如果各位有機會在夏天到德國旅行，德國的Eis真的非常不錯，請多多品嘗。

1 掃描QR code觀賞電影《羅馬假期》中關於西班牙階梯的片段（但是不要學女主角亂丟垃圾，西班牙階梯現在也禁止遊人占坐喔）。

2 可以掃描 QR code 參考〈德國冰淇淋製造規範指定原則〉（或以關鍵字 Leitsätze für Speiseeis 搜尋）。

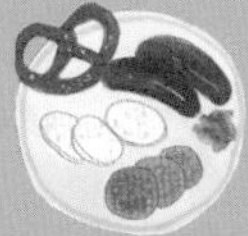

Part 3

用井然有序的法治，建構出強大的國家

1

德國人既然愛騎單車，那有單車學校嗎？

你可能會覺得這個問題很奇怪？其實，這問題對多數德國小學生的父母來說，是一個很快就能答出來的問題。先來讀文章，再找答案。

我在街上遇見了鄰居爸爸，他正在教兒子交通規則。

「哇！已經會騎單車了！好棒！」我稱讚鄰居的兒子。

小朋友被稱讚很高興的笑了，戴著尺寸合適的安全帽的小臉龐真的很可愛。

「你為什麼可以將自行車騎在人行道上，爸爸卻不可以呢？」鄰居爸爸故意問兒子，當然是想炫耀一下小朋友學習交通規則的成果。

我很好奇，這麼小年紀的小朋友可以回答這個問題嗎？

「我八歲以下，所以可以在人行道上騎車。」小朋友很有條理的回答。

「哇！回答得太好了！爸爸也教得很好！」我稱讚了這對超有學習力的父子。

「安全就是安全，多了解，多一點自我保護。」鄰居爸爸很驕傲的加了一句。

說的也是，曾經有過不少朋友到德國駕車旅行，對於德國小學生在交通安全的行人權利和自我保護上常被震撼。有一回，朋友沒有注意到路標，快速開進了一條已經標示此路是嬉耍及徒步的路段（此路段必須把時速降至三十公里以下，禮讓所有行人和小朋友）。結果朋友被一個小朋友告知請減速，小朋友還特別指了路標，提醒朋友沒有注意看巷口的標示。

這個小朋友對於交通標誌如此清楚且有指正大人錯誤的勇氣，或許

有些人會覺得很不習慣。然而，這在德國小學教育中是很平常的教導。通常大人們如果被小朋友指出違反交通規則，都會覺得很不好意思，馬上改過。

正是因為嚴謹的交通規則練習教育，德國父母也會和小朋友一起學習，上學路途上所有相關交通標誌和規則。

比如，這位鄰居小朋友學的，就是如果他騎單車出門，父母可以讓八歲以下的小朋友在人行道上慢慢騎，而不必使用單車道，以保護小朋友和使用單車道的人的安全。其他的行人也要幫助維護八歲小朋友在人行道上騎車的安全權利。

這樣我也學起來了。不久後，我在街角轉彎處遇見了一對陌生的父母和一個小朋友在練習騎單車。因為人行道較窄，我立即讓出空間給小朋友慢慢騎車通過。小朋友的父母非常禮貌的向我道謝，我則是滿心歡喜自己能加入這位小朋友的交通規則學習。

德國學校對於小朋友上學路徑，會提出幾個基本要求，請父母遵守：

．父母和小朋友（六歲以上）在剛開始自行走路上學前，一起實際來回練習至少五至六次的上學和回家路線，讓小朋友重覆記憶路線上該注意的交通安全。

．如果學校的路途中有多車路段，請父母選擇較安全的上學路線來規畫。

．和小朋友一起練習上學路徑相關的交通規則，提升小朋友對危險和安全的分辨認知。

．學習各種交通號誌，由父母來加強解說。

當然，路上不僅有交通方面的危險，還有陌生人誘拐小孩的危險。父母可以告訴小朋友如何避免與陌生人交談，若有被脅迫危險時，該做出哪些求救的反應。

德國學校對小朋友的單車安全推廣非常重視，藉由教育推廣，這些在社會成長必須具備的基本日常安全常識便能深入學生的學習，藉由從幼年就開始認識交通安全規則，讓小朋友有了學會保護自己和他人的觀念。

德國有一個很老的民間社團：德國交通守望觀察社（Die Deutsche Verkehrswacht e. V. (DVW)）。這個社團成立於一九二四年，二戰期間被迫停止運作。一九五〇年在德國柏林重新運作。社團的宗旨就是把德國的交通安全規則，藉由實際的教導和練習普及到民間。這個社團並不介入政府交通政策制定的範圍，僅扮演教育民眾的角色，多年來在推廣國民廣泛認知交通安全的工作上成效卓著。

「德國交通守望觀察社」之下設有一個專為青少年設計的交通安全附屬社團，幫助德國學生進行交通安全實地練習，這個社團中就有單車學校[1]。

單車學校的所有設置就如同我們考汽車駕照那樣的專門練習場，來到單車學校的人在這裡除了學習德國所有關於單車騎士需要知道的最新交通規則之外，也能實際練習。小朋友上完這個單車學校之後，會再經過一個單車考試，未來就更保護自己騎車的安全。

德國的單車道盛行，沿著單車專用道可以在許多美麗的田園鄉間和城市進行旅行。一切都井然有序的背後，正是這個默默付出的老社團，繼續為提升國民交通安全認知而努力著。

所以，這一題的答案你知道了嗎？

1 目前在德國，全國約有七百個青少年交通安全學習學校 Jugendverkehrsschulen（JVS），讓學齡青少年的交通安全觀念得到更充分的實際練習而強化。

2

在德國，民眾可以隨興改名字嗎？

婆婆在德文報紙上讀到臺灣「鮭魚之亂」的新聞，問我在臺灣改名字是否非常容易？報紙上說，臺灣公民一生可以改三次名字。

我沒有改過，所以查了一下相關資料，不確定是否很快就可以申請改名且通過，只知道這些改名的人確實吃到了店家聲稱只要改名就能免費吃的鮭魚。

那德國公民改名字是否很容易呢？雖然中華民國法制上有參考《德國民法典》，但是在申請改名程序上[1]，似乎完全像另一個星球般的大大不同！德國公民要改名字得先具備耐心，因為改一個名字相當耗時費日。接下來，一起來看看德國講究分層負責的法治官僚體系的效率。

首先，德國公民要改名字時，要先確定改的是名還是姓。因為兩種申請內容不同，行政手續費用也不同。如果只改名，大約是兩百五十五歐元。如果是名姓都改，費用可以高達一千兩百歐元！這個金額還不包括換發駕照和護照的費用。

再來，確定要改姓或名之後，就要去類似戶政事務所的 Bürgerbüro 遞交申請表格。

德國公民改名的基本原因：結婚，離婚[2]。如果不是這兩個原因，Bürgerbüro 就要審核申請人改名的原因，審核的時間可以長達數月。如果你的原因很複雜或與一些法規上的定義抵觸，承辦人員可以拒絕並且駁回你的申請。不管是批准或拒絕，都要等上數個月，有時甚至得等上一年半。

除了審核理由，還會調閱申請人其他的戶政紀錄，看看是否有違法紀錄或是正在進行的訴訟案件，這些一來一往的行政手續，都可以讓申請人等到天荒地老。

如果你改名的理由只是「不喜歡我爸媽幫我取的名字」，那被駁回的機率很高，但如果不喜歡的情緒已經產生精神失調，可以請心理醫師附上診斷結果，幫助提高改名的通過可能性。如果改名理由是「可以吃免費鮭魚」，那我猜你可能不管最後是否通過，都會錯過店家的活動期限。

被拒絕駁回申請改名可不是就這樣算了，所有申請的行政手續費還是要繳納的，德國公家機關的行政辦理都不是免費的。被駁回也要繳交申請費用，通常是准許費用的百分之五十。

改名如果批准了，申請人要連帶把駕照、護照、身分卡、健保卡、各種保險姓名、郵局收件人姓名、水電費帳單和所有證件都一一申請改成新的名字。不然，改名者將無法看病，不能行駛車輛，也收不到信。當然，還有金融卡也不能用舊名存取款項。

所以在更改名字之前，得先計畫好一切相關的後續才行。改過名字，又要再改一次，這情形在德國通常是離婚居多。

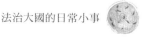

「真的可以為了吃魚，在短時間內就把身分證的名字改了？」婆婆讀著這則來自臺灣的新聞非常訝異。

「這在德國可能行不通吧？申請改名費用那麼貴，還不如直接去吃算了。」我回婆婆。

德國公共行政科層化的官僚制度，絕無這種變通的改名申請可能。難怪申請改名吃鮭魚新聞可以讓婆婆這麼驚訝。

1 我國改名相關規範依據為《姓名條例》。

2 《德國民法典》中有公民姓名法，條文中規定更改姓名必須具有重大事由。德國戶政事務機關就是依據此法的解釋，來接受／駁回改名申請。

3

全球COVID-19疫情開始後，進入德國醫院接受任何手術治療，都要先做PCR採檢嗎？

先看完這篇文章，再回答。

喜歡園藝的婆婆在引以為傲的美麗花園裡澆花，一個不小心滑了一跤，後腦著地，血流如注。

「你們快來，我跌跤了！不要叫救護車！」婆婆給我們打了電話。

我們手忙腳亂立即驅車前往婆婆家。因為不知道婆婆到底情況如何？如果照她說的血流了一身，應該立即送急診才行！可是她又特別交代不可以叫救護車，真是讓我們非常為難，還是先趕到婆婆家再說吧！

看到婆婆低著頭坐在沙發上，手上拿著毛巾摀住後腦勺，身上的襯衫都是血。我立即尖叫！快叫救護車!!

「不要！」婆婆一聽立即揮手拒絕。

當然不可以！腦部的傷一定要去醫院啦！

「為什麼拒絕？」我趕緊給婆婆換衣服，並要她別亂動。

「現在不能去醫院！我會被傳染可樂娜（Corona），然後就會被送進加護病房，我會死掉然後被火化，就看不到氣質卡啦～～」婆婆叫著說。

聽了婆婆拒絕救護車的原因，我們啼笑皆非。

「媽媽，妳看太多疫情報導了啦，只是去檢查摔到的頭部，為什麼會被當成肺炎送去加護病房？」我問。

「妳不知道啦！我萬一出不了院怎麼辦？我沒怎樣啦……」婆婆馬上回我。

不叫救護車？好的，我們決定用私家車送婆婆去醫院。

德國醫院從疫情開始就有新規定：只有接受急診的病人可以進入醫院診療室，辦理相關手續的家屬要從另一個醫院入口進去辦登記。整個醫院對外全部關閉，如果有要給住院病患的東西，只能在特定時間送來請特別櫃檯轉交。

所以婆婆被送進急診室，老德先生到另一個入口辦手續，而我只能在醫院外面等。還好，婆婆只是皮肉傷，傷口清創包紮後，她簽了自願回家觀察自負責任文件，就可以回家了。

因為如此，我才知道德國醫院因為疫情是對外關閉的狀況。

婆婆過了幾個月要接受胃部手術。我們已經知道醫院的疫情新規定，只能跟入院的婆婆打電話，問她手術情形和住院狀況。

「媽媽，明天手術，妳還好嗎？」我打電話問婆婆。

「剛剛做完ＰＣＲ採檢，只有陰性結果才可以進行手術。」婆婆說。

「是深喉採檢？」我好奇的問。

「是啊，採的部位很深！」婆婆立即反映說不是很舒服。

幸好採檢結果是陰性，可以進行手術，婆婆的手術也進行得很順利。

我好奇查了德國傳染病防治法，才知道醫院為密閉空間，只要工作人員或進入者超過三小時以上的相處，就要進行防護或傳染病防治程序，以免交互感染。於是全球COVID-19疫情開始之後，任何手術之前，病人都必須先PCR採檢，確認為陰性之後才可以進行治療。除了不會傳染給開刀的醫生，也才不會造成院內感染。

當然不只病人要採檢，醫護人員也必須同樣遵守傳染病防治法，進入工作的醫療病所前，都得先採檢。

朋友的先生是醫護人員，有天上班前的篩檢為陽性，就要在家隔離十四天。配偶和家人也要同時採檢，陰性則可以不必隔離。

還有在醫院當護士的朋友，每三天就要做一次採檢。只有陰性結果才可以正常上班。（城市中設有多處快篩中心，給上班的工作者進行工作前篩檢。）

所有的療養院、銀髮中心、老人照護機構，不論工作人員或家屬，進入前都需要快篩且結果為陰性才能通過。（真的要在此感謝疫情期間，這些在醫療體系工作的所有人！）

採檢數量越多，越多確診的數據，越多數據，就越能比對，讓政府了解疫情到底是加劇或是緩降。現在德國許多城市已經開始提供給一般民眾的快篩中心，市民可以隨時到各處的快篩中心進行快篩，讓每一個城市了解該市的感染數據。（快篩中心由不同市政府的義消或民間公益社團捐贈或租用，提供臨時中心所需設施，各醫護相關民間協會的義工則捐贈貢獻了自己的時間。）

「我上個月到現在已經採檢七次了！」朋友因為進行癌症化療，回院做檢查頻繁，以至每次做的採檢結果若超過四十八小時，就得重新再做一次PCR採檢。「不過那也沒辦法，醫生病人都得採檢，互相保護。雖然麻煩，卻也多層保障。」朋友說。

喜歡這位朋友理性的思維，也希望她早日康復。

疫情開始之後，有很多朋友問我，德國有那麼多篩檢，為何疫情還是這麼壞？這是一個很棒的問題，然而這問題的答案只有研究疫病的專家可以回答。只是，我認為不斷篩檢就是「不斷做紀錄」，記下當時的一些事實數據，數據可以比對卻不是疫苗，疫情最終還是只能靠疫苗來減低和預防。

德國的做紀錄的能力很厲害，試舉我個人在德國法蘭克福機場做PCR檢測的經驗。搭機前要做PCR深喉採檢，先上網登記排時間，得到採檢公司回傳的登記資料，再持登記資料到機場採檢。

機場有一個獨立隔離出來的採檢中心，中心有三十九個採檢小隔間。

現場並有正式的醫生坐鎮。採檢人員每天上班前也要採檢，結果陰性才可以進行當日工作。

我先繳交採檢資訊給第一個資料檢查櫃檯，掃描 QR Code 後進入採檢隔間。穿著防護衣的採檢人員會先掃描他自己工作證上的 QR Code，再掃描被採檢者的 QR Code。如此就有採檢隔間的編號、採檢者、被採檢者和檢體的回溯整合紀錄。）

採檢人員將我的檢體送至最後一個櫃檯，櫃檯人員再次掃描 QR Code 和我的證件，檢查資料是否相符，是否有誤。

以上流程全部完成後，採檢者便可離開回家等結果。

不出半天時間，採檢結果分析文件證明便傳至我的個人電子郵件，這封電子郵件就是正式有效的ＰＣＲ檢測結果證明。

抵達臺灣桃園機場時，我出示了德國採檢公司的電子採檢證明。如果這份採檢證明有任何問題，德國的採檢公司就可以回溯以上的採檢過程，查到哪個環節出現可能的問題。

這家採檢公司的科技記錄操作和科學實際演練，讓我在採檢過程中得到觀察的樂趣。不論如何，都希望世界盡快恢復正常，不需要再用到這些全球疫情的採檢記錄方法。

4

猜一猜德國人最驕傲的國力是什麼？

這一題，我當然沒有能力可以回答。因為這麼大的社會科學學術題目，必須有龐大的學術單位和資金，才有辦法進行完整的研究。那麼，會有答案嗎？這要從幾個有趣的故事來開場。

本人固定會掃我家前門的地，即使門前是市區的道路，我也願意保持我家門前的清潔。不是因為我很勤勞，而是擔心婆婆有時來訪，對環境清潔要求高的她會不滿意碎唸好幾天。為了避開這種高強度的碎唸，花點時間掃地反而有益身心。結果，久而久之，習慣成自然，婆婆的碎唸策略成效超級強。

有天正在掃地時，一輛警車從我身旁快速逆向而行。我以為他正在執行勤務，趕緊讓開，拿著掃把（可能面露驚嚇）對警車行了注目禮。只見警車突然停了下來，從警車上下來一位年輕的警察。

「對不起，我剛剛行駛經過。如果讓您嚇到，非常抱歉，請勿介意。」他客氣的對我說。

聽到這樣的話，拿著掃把的我一時也不知如何反應，只能微笑點點頭。

警察說完就上車駛離。

當下，我的內心對這位警察先生充滿敬意。因為警察在職行勤務時，是允許駛進單行道的（警車後保險槓上方有紅黃免責權限標誌），然而他是否因為從後視鏡看見我的表情，才決定下車對我抱歉呢？這我無法得知，但他的細心讓人印象深刻。

另一件事，就是我在《氣質卡小狗學堂》這本書裡寫過的好笑小狗半夜哀號事件。

剛到新家生活的氣質卡小姐（我家的拉拉犬）半夜唱起思念卡媽的幼犬唉唉唉尖叫之歌，引來德國鄰居報警，警察立即上門查訪。通常這類動保報案，應該是由德國各城市的秩序監管局來執行，只是大半夜秩序監管局沒人上班，所以警察才出現。

只見身形高大荷槍的兩位警察一看到兩個月大的氣質卡小狗，立即軟化成超級愛狗迷，馬上開始告訴我們，該怎麼陪小狗度過孤單的思念媽媽期……

這兩位警察保護動物的嚴謹和溫柔，也讓我很尊敬。

這兩個例子中的警察，我感受到他們確實很喜歡自己的工作，執行工作時結合了自身的修養，讓人對他們的工作態度有了尊敬，而這尊敬，讓他們所代表的公權力和法令都有了更好的展現。

說到公權力，如果在德國遇到警察臨檢，該出示身分證件嗎？

根據德國《身分證及電子身分驗證法》[1]規定，每一位十六歲以上的公民，會領有正式有效的身分證件。身分證件上會記載個人資料：名字、身高、眼睛顏色、居住地址等個人資訊。有效的身分證是一個法定成年人最可以有效證明「我是我」的證據。按照法令，警察可在公告的治安熱點進行盤查（例如：示威地點周遭之公告範圍、公共大眾交通系統之車站周圍），公民在這些公告的地點遇警察盤查時，若警察要求出示有效的身分證件，民眾就可以用身分證證明自己的身分。

德國的《身分證及電子身分驗證法》中，有規範言明身分證為個人財產，不可隨意沒收或交由他人代管。

這些基礎的公民知識和相關法律常識，都經常在學校教育或新聞媒體中出現，讓國民可以在生活中實際了解自己的權利。

也因此讓我一直很好奇，德國這樣在很多方面都很認真成功的國家，到底人民會對自己的國家有哪些驕傲的部分呢？大部分德國人對德國抱著什麼樣的態度呢？

我不是法律專業，寫這種題目完全使不上力。然而為了更進一步了解法治德國的精神到底是什麼，我開始尋找有否這方面的社會學研究。終於在一個公開研究報告上，我找到一個對於「開放社會」所做的研究數據。這個研究或許可以說明德國這法治社會中，多數公民對法律思考和討論十分重視。

European Policy Institute 從二〇一七年開始對德國十六個邦州，不同教育程度、職業、性別和年紀的廣大德國民眾所做的大數據問卷調查中，發現德國民眾對於一九四九年後所修訂的基本法最為肯定，是德國人最感到驕傲國力的最高分選項。（其次是德國的福利制度，第三名是對歷史文化的保護作為。）[2]

這份報告分析了《德國基本法》讓許多德國人驕傲的原因。《德國基本法》在維護國民的個人言論自由、宗教自由和集會自由的努力，讓多數人民肯定。也讓多數德國民眾信任在此法下所增訂的各項從法的法源依據，可以確保基本法賦予人民的基本自由。[3]

在這個專業研究報告中，有個「開放社會」和「封閉社會」的對照表[4]，讓我反思了很多身邊和世界上的事，就讓我們一起來看看並思考，什麼是開放社會？什麼是封閉社會？

開放社會：

- 來自外國的新住民，享有與本國民同等的權利
- 每個人都能依自己的宗教信仰進行宗教活動
- 每個人都有表達意見的權利
- 批評政府的團體和批評政府的所有意見，政府都會對話回應
- 社會弱勢該得到保護
- 在國會，各類意見都被允許表達
- 媒體可以批評政府

封閉社會：

- 盡量減少外國人移居本國
- 政府必須確實控制媒體只報導國家的正面形象消息
- 每個人都必須尊重國家價值觀
- 非基督教信仰者，只能在特定地方和自家進行宗教活動
- 同性伴侶不可以在公眾場合接吻
- 政府總是以自己的看法替廣大人民表達意見
- 在本國的公民身分，會因父母的國籍而受到申請限制

「替別人的立場思考，維護別人的權利」是通往開放社會的基本練習。德國基本法在保障人民的自由和權利上，的確做了很多努力。

這一題的答案，你同意嗎？不同意的話，原因又是什麼呢？

1 德國法源原文請掃描 QR code。

2 本題分享的資料和觀點援引於 European Policy Institute〈The fading Taboo of Germany's National Pride〉（2019），有興趣了解更多者，可以掃描 QR code 或上網搜尋該研究之開放檔案。

3 European Policy Institute〈The fading Taboo of Germany’s National Pride〉（2019）p.14

4 European Policy Institute〈The fading Taboo of Germany’s National Pride〉（2019）p.31

5

德國的法令很多，負責執行這些法規的單位是？

先講一個個人經驗，我家有一回正在整修室內，有幾大包施工垃圾暫時先放在門外。不出兩天就收到市政府秩序局寄發的警告通知，內容是鄰居告發我們任意棄置垃圾，要屋主立即改善，否則將依法開罰。我趕緊請施工者將垃圾移除，以免再被告發，一旦遭秩序局依法開罰，完完全全進入讓人頭皮發麻的程序。

你可能會覺得我小題大做，連一張小通知單都那麼緊張。如果你會這麼想，應該是尚未了解德國這個專門監管秩序的部門的威力，讓我詳細介紹一下吧！

秩序法治監管局，簡稱秩序局，是德奧兩個德語區才有的地方市府單位，這個單位要在各城市執行德國所有法令的實際監督。

這樣的單位，世上除了德奧兩國，絕無僅有。中國雖然有參照德國秩序局成立的「城市行政管理執法局」（以前叫做城管，現在擴大管理行政權）。不過，德國的秩序局卻是屬於不同州和不同城市的執法單位。

這個秩序局可以監管哪些範圍的事情呢？比如要開商店，得先到秩序局登記。登記之後，店家便開始受《德國基本法》的法令規範。店家內外的一切：招牌、貨品、陳列、清潔、貨物內容、員工工作時間、商店營業時間……都在受稽查的範圍。

要開餐廳，也要先到秩序局登記。餐廳要遵守《德國基本法》之外，在清潔、衛生、食材用料的合法及安全性，也要受到城市秩序局的監管。

食物材料則會受到秩序局專業訓練的稽察員監督，比如：屠宰業肉品、烘焙業、農業農產品這些專業的秩序局稽察員，會檢查食材是否符合德國各項法令的標準。如果餐廳被稽查到違反法令規範，秩序局即可依情節審視餐廳的商業登記資格，嚴重時除了罰款，也可以申請將餐廳停業。

德國餐廳營運的相關法令嚴格，坊間有很多專屬工具書每年更新出版。想開餐廳之前，最好先研讀清楚這些規範，不然一旦開始營業，秩序局來監督查驗時若無法達到各項相關法令要求，就只能暫停營業，直到改善到合乎秩序法令為止，耗費的時間與金錢完全得不償失。

有一次家人從美國來到德國旅遊時，剛好在街上遇到德國秩序局進入餐廳檢查。他們很緊張的問我，是否那家餐廳有違禁品，所以警察才會來？

我花了一番功夫向他們解釋，什麼是秩序局，他們都對於這種政府單位的存在感到震驚，因為德國秩序局的稽察員制服多半是黑色的，看起來真的讓人有點緊張。

秩序局的管理範圍，還包括德國美麗浪漫的農夫市集。秩序局在農夫市集開張前，會先監督所有攤位的設置是否合於各項規範（攤商租借坪數）、安全衛生法令（生鮮食品是否有照法令擺放）、蛋白質的肉類是否有放在冷藏七度以下的冷藏櫃，還有攤商對蔬果產地的標示是否真實，曾有農夫市集的攤商把蔬果產地標錯而受罰的案例。

夏天戶外外賣攤販的清潔衛生，也歸秩序局監管。德國的冰淇淋有執行政令規定，對於各種冰品的水、果汁、奶製品、糖、色素的各種含量，有正確百分比的規定。冰品隨各種含量的不同，會呈現霜淇淋、無水冰淇淋、冰棒等各種冰品。含量的正確比例，也是秩序局的管理範圍。（你沒看錯，德國有冰淇淋成分比例食品法規。）

冬天的耶誕市集，開市之前的各項安全和衛生也是由秩序來監督。

秩序局當然也管違規停車和開單，違停開單的秩序局人員每天都會巡視市區。秩序局也是監理處，負責核發停車證、換發駕照及車輛登記。秩序局也會處理違停拖吊。

工地的安全設置也是秩序局管理的項目。所有公共安全不用等舉報，秩序局都會一一檢查各項安全是否合於法規。心存僥倖的工程疏失一旦被查獲，就由秩序局勒令停工。在同一個工程中的廠商也會連帶被處罰，因為違反了秩序局的法規，就會被層層追著監督下去。

秩序局還監管城市住戶登記、殯葬業和墓園的秩序法規管理、動物保護、改名申請、噪音管理……

你一定會想，這個秩序局監督員簡直就是警察了吧？秩序局監督員和警察的最大不同就是：秩序局是開罰單的單位，所以沒有荷槍（某些州的秩序局有佩戴防身警棍）。而警察可以拘捕犯罪者，有荷槍。如果有人不服秩序局的監督，出現攻擊或逃跑的情況，秩序局就得通知警察前來處理。

Ordnung muss sein是德國家喻戶曉的諺語，意思就是：「秩序是必須。」

想了半天，我認為這諺語有點如《孟子》所說的：「不以規矩，不成方圓。」只是，這句德國諺語被德國人澈底實踐到底，甚至成立了秩序局來監督日常生活的大小事。

佩服的人會歌頌這種精神，認為人生的一半就是秩序。嘲笑這種過於嚴謹的也大有人在，認為管理監督秩序太認真，簡直就是把送人進監獄當目標！

無論喜歡與否，秩序局管理了德國各個不同地方政府或城市轄區內的法治秩序。不想守法或忽略法令的德國人，都會從秩序局的通知單或罰單，學習生活大小事的社會秩序法治思維。

當然，民眾若不服秩序局的開罰，也可以訴諸法律行動。《德國基本法》賦予也鼓勵國民行使人民的基本權利。有不少德國民眾對開罰不服，狀告秩序局、市政府、州政府，一路告到聯邦政府或甚至上訴到歐盟法庭的也有。有興趣者可以到網路查詢這些德國案例（有法律背景的讀者可以參考這些案例）。

這一題，你答對了嗎？

6 有人找我出庭作證，我該答應嗎？

這是我個人的經驗。我不僅答應了，還在出庭時做了一件讓人尖叫的事。現在分享給各位，我到德國州政府法庭為某訴訟案件出庭作證的經過。

我喜歡看藝術展覽，曾經在某個畫作展覽會上與一個德國畫家相談甚歡，並交換了個人資料。兩年之後，我突然接到該畫家的電話。他為什打電話給我？原來那場我去參觀過的展覽的畫廊，並未將所有展出畫作歸還給該畫家，且聲稱沒有看過這些畫，當然也就沒有歸還的問題。

「沒有看過這些畫？畫展上不是有展出目錄？我還留著這本目錄

呢！」我說。

「沒錯，我把這些畫作交給畫廊主人，他才可以製作出目錄，只是現在完全不認帳。」電話那頭的畫家嘆了口氣說。

「那我能做什麼呢？」我很好奇。

「對於這個情形，我的疏失是在交給畫廊畫作時，沒有做出畫作明細要畫廊簽收，導致無法證明這些畫作是否在當天確實有展出。您可以出庭作證有看到這些畫嗎？」

我立即找出那本目錄，畫家一一指出未歸還的畫作有哪些。我邊翻閱目錄邊想，畫廊老闆否認這些畫有展出過？可是我明明就有看到這些畫啊……

「如果您願意，將需要您到州法庭作證。」畫家徵詢我的意願。

州法庭!?哇，那這案件已經不是民事庭的小案件，而是要到州政府法庭的級數，可見訴訟的賠償金額很高。

「如果可以幫助證明，確實有人看到這些作品，我當然願意。」我回覆了畫家。

「那我們就在法庭上見，直到出庭，我們都不要互相聯繫。」畫家道謝並告知我。

不久之後，我收到了由州法庭寄來的證人傳票。日期是半年後的夏日，這期間我沒收到半點來自畫家的訊息。

老德先生很鼓勵我有機會去實際體會一下德國的司法系統，只不過老婆有點無厘頭，去到州法庭這麼嚴肅的場合，可要正經一點。只是擔心也沒用，我就是我，既然我就是這樣，也就不用瞎操心了吧。

離出庭作證還有三星期的時候，州法院又寄來一張通知書，我以為畫家和解了。結果通知書寫著：「本案因其他案件出庭時間延後，將延後十一分鐘開始。」看到這張通知書，我開始有嚴肅的感覺了。延後幾分鐘開庭也要寄一封信來通知，會不會太有秩序了？

那天，我站在州法庭外，根本不知道待會兒我該怎麼作證？我看到畫家在露天咖啡座喝咖啡，但是為求公正，我們只點頭招呼並未交談。

過了不久，畫家的律師大老遠從柏林抵達，他們兩人便一起進入法院大門。

我等了幾分鐘，就在警衛室辦理進入法庭手續。

「請勿攝影！」警衛對著我喊。

我本來想照法庭前面大廳一個很大的壁畫，被制止了。我趕緊抱歉並快手把手機裡的照片畫面刪除。

「您可以在走廊等待開庭。」警衛對我說。

我整個人肅然起敬，開始想我當初幹嘛要答應？等一下法官問我問題，我答不出來怎麼辦？或是，我答得不好，不能幫助畫家反而壞事怎麼辦？

突然，走廊傳來互罵聲，原來是有人打官司不肯和解，在法庭外吵起架來。我探頭看看，看到一位衣冠楚楚戴金手鍊的人，和其他人在哇啦哇啦說話。偷聽一下，那位金光閃閃的先生原來是其中一方的委任律師，才發現自己容易被外貌所限制誤判，我原以為他穿得那麼「趴」，油頭粉面，西裝革履，金尾戒戴起來，看起就像是被告咧……

開庭時間準時開始。我先在一旁聽兩造律師巴拉巴啦，因為直至開庭前，畫家和畫廊老闆依然不肯和解，所以法官宣布繼續開庭。

「現在請原告證人XXX先生。」法官先請畫家的另一位證人，當天也有去看畫展的先生作證。

法官四十開外，身形高大，身著法官黑袍，拿著錄音機，把當庭的所有對話都重覆一遍錄下來。

作證的那位先生對法官說，他只記得當天有超過畫廊老闆所稱之畫作數量展出，其他細節或畫作名稱都不記得了。

法官把那位證人的證詞重覆一遍，錄下來。

哇，真害怕……緊張。

說也奇怪，我在極度緊張的時候，腦海就會浮現媽媽常對我們這些小孩碎唸的話：「是就是，不是就不是。別搞得太複雜。」

想起媽媽常對我說的這句話，突然覺得很放鬆。（以前真的覺得是碎唸，怎麼突然有效果？）

「請下位證人，XXX（法官唸了一長串我的個人資料），是您本人？」法官問。

「是。」我回答。

「您記得當天畫展中，某些油畫家先生提出來有在展場的畫作，是嗎？」

「是。」我回答。（媽媽的碎唸發功中。）

法官把這句對話重覆一遍錄下來。

「請您上前，」法官對我說。「我現在翻這本目錄，請您告訴我，您記得哪幾幅畫作當日有在現場展出？」

我走到法庭前，法官把目錄面向我，邊翻邊問：「這幅您有印象？」「有。」「這幅呢？」「沒有。」「這幅呢？」「不確定。」「這幅呢？」「非常確定有。」

法官停下翻目錄，把剛才的對話錄了一遍。

「為什麼您對這幅畫作如此確定？」法官嚴肅的問。

「因為這幅畫中有一輛汽車，我在參觀畫展那天看到時，心中有想到，為什麼其他的畫裡沒有汽車。」我照實回答。

法官把我的話重覆一遍錄下來。

「除了這個汽車之外，還有哪一幅畫是妳確認現場有展出的呢？」

法官丟給我一個很難很難很難的問題，這個問題差點讓我以為我才是被告咧……這要怎麼回答啊？

我看看注視我的法官，然後說：「我記得目錄中一幅畫懸掛的位置。」

「妳要如何證明？」法官問。

「我可以畫給您看。我記得整個展場當天布展畫作懸掛的位置。」我說。

「女證人現在請向前，在庭上所提供的紙筆上，畫出所說畫作的位置。」法官一邊錄音一邊說。

我拿起紙筆，開始把記憶中畫廊的格局大概先畫了出來。

「這是展場的入口，目錄頁數ＸＸ上這一幅畫，是在展場走廊右邊一個通道上的窗邊懸掛，因為這幅畫尺寸比較小，窗邊的位置剛剛好適合這幅畫。」我畫好了展場圖，並標出畫作位置呈堂法官。

法官把我在白紙上畫的內容，用口述重覆一遍錄下來。

這時，我看到畫廊老闆和他的律師強烈搖頭表示反對抗議……

「誰也沒想到我會用畫的。」當晚就跟家人分享我的出庭記。

「一般人可能沒那心思去記得畫廊的空間吧？」老德先生覺得老婆的突發奇想作證方式很好笑。

「也不是特別記得，只是照記得的有限細節陳述啊，那位法官也好讚喔，馬上就給我紙筆畫，讓我立即發揮。」我很開心。

只是，開心歸開心，法官真的會接受我這種塗鴉式證詞？

數個月後，畫家打電話來告訴我，他贏得了這場官司。畫廊老闆承認確實沒有歸還所有的畫作，而我的證詞是關鍵，法官在比對過展場的設置圖和我的圖說後，確定相符。

我真替畫家感到高興！更有趣的是，我的塗鴉證詞被存檔在州政府法庭的檔案中，雖然畫得不美也不專業，卻是最真實的證明。

這個作證的經驗讓我體會助人為快樂之本，也希望畫家下回展出時記得把明細列出，別再讓這種令人無奈的事發生。

7

德國不同邦州的假期都一樣嗎？

說來有趣，很多人跟我聊起德國時，多半以為德國的施政是由一個中央政府來決定整個德國的所有大小事，這可是很大的誤會喔。

德國有十六個不同的聯邦州，每個邦州都有一個首長，也會有自己的州法令和執行法規命令的不同機制。這些複雜的層層分別，是因為每個邦州的歷史、風俗習慣、氣候、地方語言和民情的不同，因而產生區域差異。

書店在年終都會推出行事曆筆記本，這些附有落落長的德國各邦州假期表的桌曆和月曆，皆會詳細記載每個邦州不同的假期或當地節日日期。也就是說，你得先弄清楚居住的地點和以下幾個細節，才知道哪部分資訊符合你生活的地區。

‧城市屬於哪一個邦州？
‧這個州有哪些假日？
‧州範圍內學校的各季節假期起訖時間？
‧州範圍內商店會因哪些假日暫停營業？

因為在臺灣從未有過這樣的生活經驗，所以剛開始我真是一個頭兩個大！尤其是家人在喬聚會日時，就要拿出各自的年曆互相討論。因為誰住的邦州那個節日沒有假期？又有誰住的那個邦州小孩那時還沒放假／開學？這些各州不同的假日表，是家人討論相聚日期時的重要參考。

另一個有趣的是商店的營業時間。

因為即使相鄰的邦州也會有假期時間的差異，所以如果自己的州是州定假日，居民就會到另一州跨界購物。前面說過，德國商店受限於法定營業時間，星期日絕對不能營業。但季節交替的時候，會有一個星期日特別准許商店營業，每個州的特別星期日營業時間也有所不同。

有一回，我確定當天不是國定假日，也非本州的任何地方假日，所以老神在在下午才準備出門去買菜。

只是當我拿著菜籃出門，卻感覺街上行人怎麼那麼稀疏？很多商店也都關門靜悄悄？咦？難道是我看錯假日行事曆？不可能吧？

走近一看，商店門上告示：「今日因本地節慶，下午起休店半日。」

哇！原來是本地節慶假！這在印刷的日曆上當然不可能標示啊！

幸好網路精準多了，只需要上網鍵入州名，該州的大小假日時間就可一覽無遺。更精確的市政府還會列出該州各小新興區域的商店營業確切時間，真是方便不少。

其實，不只是德國，大部分歐洲國家都有這樣的區域異同假日。出門旅遊之前最好先查詢清楚，不然到了目的地才發現整個地區放假，不是很掃興嗎？但如果可以事先查好當地有什麼特別的節慶再安排前往，就能讓旅行更有趣。

你可能會問，為什麼要有這麼多不同的區域假期呢？因為德國每個州的州法不同，連帶影響了所有行業的工作時數。舉個例子，有些州有很大的農業區，像產酒的區域就會有大規模的葡萄收成期，於是當地居民的工作內容和時數就會和非農業區的州有所不同。各個邦州制定不同的地方法令和假期，才能符合當地生活形態的需求。

十六個邦州的飲食習慣也很不同。比如德國南部拜揚州的傳統早餐就有人吃白香腸和喝啤酒，很難想像嗎？只要入境隨俗了解背後的風俗文化，或許就不覺得奇怪了。

弄懂十六個邦州的地方話也是很要命的事，從北部州來的人很可能聽不懂南部的地方話。有一次，一位北德的朋友來拜訪我，聽我說南部的德語地方話，簡直驚訝到尖叫！我這個外國人居然講起他聽不懂的地方話，畫面實在配合不起來，超好笑的！

德國各地的地方口音非常明顯，一開口大概就可以猜得出來是德國哪個區域的「土語」。

有次降落德國機場，海關正在檢查我的護照。

海關：「你會說德語？」

我：「當然。（用土語回答）」

海關驚訝的看了我一眼，馬上還回護照，也用土語說：「下一位。」聽得懂這本地口音的德國人都露出微笑。

（這就像你問外國人會不會說中文？結果外國人用臺語跟你對答如流的感覺。）

簡單解釋了這些，大概就可以知道德國十六個州的風土民情非常不同，很值得我們多加了解，歡迎進入更細微的德國生活體驗。

8

德國民眾可以從什麼地方查詢到中立的候選人政見？

德國政府對於公民的政治教育十分重視，一直致力於把公民政治教育普及到各級學校和一般民眾的生活學習中。一九五二年成立了德國公民教育局（Die Bundeszentrale für politische Bildung (bpb)），是隸屬於聯邦內政部之下的特殊機構。

這個局處的宗旨，是促使德國各州學校教育、政治科學研究、媒體和專業政治教育的連結，讓政治科學的學習成為學校教育的一部分。德國聯邦政府以政治教育擴大公民政治的多元性，達到更成熟的民主。

這個機構由議會裡二十二位聯邦議員監督，以政治科學專業的研究為主軸，為這個局處的中立超然性把關。

二〇〇二年，德國公民教育局成立了網路新媒體「Wahl-O-Mat」[1]，這個網站主要呈現德國本國和歐洲各大選的詳細紀錄資料。包括：過去和即將舉行的大選的政黨資訊、政黨詳細介紹、不同候選人的政見。並設有不同大選的相關問答題，選民可以在作答之後比對觀點，找到理念相近的政見或政黨，再投票支持。

如果選民對某些政見有疑問，這個網站有連結至德國聯邦公民教育局的資料網頁，可以查詢各國歷史、經濟、政治狀況的專業政治研究文章資料。

德國的學生和老師，是最常使用 Wahl-O-Mat 的兩個族群。聯邦公民教育局會提供學校老師政治學教育專書或是課程，德國學生和老師也可以透過這個網站訂閱各種不同的政治相關報導，這些由公民教育局製作的報導就會經由電子郵件定期發送。

這個非常豐富的專業政治教育推廣網站開站以來，已經在各種大選時累積出數千萬次的點閱率，是推廣公民教育的成功案例。

我有時也會到這個網站做一些德國政見的問答題，開拓一下對政治時事的思考。

很佩服德國公民教育局用心鼓勵青少年對政治有專業的了解，而且從學校教育中得到政治論述的能力，勇於自我表達，練習行使公民權中的言論自由。

---

1 公民教育局難道沒有政治操作？德國是聯邦制的國家，為避免獨裁或強人政治，是以聯合政府（多黨聯合執政）的方式運作國會議會。公民教育局是國家機構，凌駕於所有政黨之上，沒有單一政黨或是執政黨單一主持的可能性。對公民教育局或 Wahl-O-Mat 有興趣的讀者，可以掃描 QR code 查看更多資訊。

9

德國是法治國家，一切事情都讓政府跟法律決定就好？

「您好！我們是愛樹協會的成員，正在收集簽名，您願意為這個請願簽名嗎？」有人在路上問我。

原來市政府要把某個公園前的數十棵大樹移除，讓這些會員發起了請願活動。有幾位會員很詳細的向簽名者解釋為何大樹不能移除。其中一個原因是這些高齡大樹上，有許多鳥兒在此築巢，移除之後會對生態產生許多影響。他們也請了專業的鳥類協會提供專業的鳥類活動紀錄，做為佐證。

我簽了名。

「您好！我們是兒童安全協會，我們想請願，您願意在了解後簽名支持嗎？」幾位正在收集簽名的人問我。

原來是市政府要把某個人行道規畫成停車位。兒童安全協會的成員在做過研究觀察後，認為這樣的設計會危害原本利用這個路徑上學的孩童安全，所以請願政府不要為了幾個停車位，限縮了人行道，將孩童置於交通危險中。

我當然又簽名支持了。

在市區的某個老舊社區角落，有一個年久失修的老公園，因為常年荒置變成治安死角，附近的居民一直苦思如何改善。經過當地居民和市政委員一起開始預算式參與，終於得到經費，把公園的夜間燈光照明改善。並把一個老舊公車亭改建成麵包烘焙店，這個公園如今成為許多居民休閒共聚的美麗公共空間。

這些都是我目睹的公民參政力量。

你一定覺得奇怪，這些人怎麼會知道市政府的計畫，又如何可以立即反應和做出反對／支持的行動呢？

按照德國基本法精神，公民參與政治是被鼓勵的。所以，德國的每一個城市或轄區，都有一個公民參政部門[1]。

公民參政部門由城市各區域分別推派，選出不同的代表民眾，按照每州的不同規範來參與市政預算的分配。比如，市民可以建議開一條新道路，或是建一個新的音樂中心。

這些市政委員都有自己的正職，都只是熱心市政參與的一般民眾。通常是無薪無補助的榮譽貢獻服務，每四到六年重選，領銜人為該市市長。

這些由市民參與的市政預算會議，有效平衡了政黨和市長的獨斷。由不同黨派不同理念，來自各區域組成的代表委員，共同為提升生活品質的目標理念而努力，是一般公民參政的最好練習。

市政委員在會議之後，會將會議內容紀錄發給該區的市民。市民若有其他想法，就可以向該區代表陳述意見。這就是為什麼前面那些例子裡，民眾可以在市政建設開始之前就得知相關訊息，並有機會表達公民意見，提出請願。

公民只要對當地的建設或發展有意見，都可以提出討論。市政府必須考量是否有反對或更多建議的聲音，並讓市民充分了解，再做出對該建設選擇支持或不支持的公民決定。

在德國，因為基本法的鼓勵，公民參與市政很普及。市政府也非常需要這些民間聲音和在地相關民間社團的研究，給予市政建設最符合當地居民需求的各方意見。

臺灣目前這樣的工作，應該是介於里長和民代議員之間，有少數城市開始推動市民預算式參與施政，不過還未普及，尚在起步階段。

德國的聯邦網路請願也是另一種公民參政的範例。聯邦議院的請願，可以讓人民對於各種立法和現行法規的可議性提出意見。連署人門檻通過（每種請願有不同的連署人數要求），德國聯邦議會就會排出會程討論，並公開回覆請願者的問題。

婆婆友人的女兒對公民參政有很大的熱情。她的正職是裁縫師，開店之外的興趣就是觀察自己居住區域，有哪些公共設施需要提升品質，後來參選市政委員也當選了。在繁忙的正職之外，她和城市各區的當選代表們一同貢獻了很多義務的市政工作。我從她身上，感受到市民委員的專心和專業。

雖然只是義務工作，選舉時還是認真做出了很具水準的宣傳計畫，完全不輸真正的公職選舉。市政府當然也會支援競選宣傳，因為由中立無營利性質的一般公民組成的市政委員們，未來將是輔助良好市政施政方針的最好瑰寶。

我認識一位退休醫生，在參與市政委員工作期間，聯合了其他的退休醫生，一起組成義工醫療隊。為有收容難民的城市提供協助，替大批難民做基本問診工作，減輕城市醫療體系的負擔。

公民參政是基本法保障的人民權利。大多數德國人確實都在日常生活中好好練習，行使自己的珍貴公民權。德國公民參政，就是在「每件事情的發生，都成為下次精進的開始」的精神上努力。共勉！

---

1 對公民參政市政委員有興趣的讀者，可以參考德國聯邦政府製作的政治白話字典，有深入淺出的解釋，請掃描 QR code 查看。

結語

讀完這本書之後，還想了解更多德國的大小事嗎？

有些人不喜歡德國這些讓人喘不過氣的諸多法令，也有些人認為就算法令那麼嚴格，德國壞人壞事還是不少。當然！我到法院出庭作證的故事裡，那位畫廊主人身為文化人，但對待畫家的方式卻很沒有文化。

德國生活沒有想像中那麼放鬆，連租地種個蔬菜也要遵守那麼多秩序法令。想開家專業的商店，也要先考過大師資格才能申請商業登記。

所以我在寫《氣質卡小狗學堂》時，就深感在德國養狗不易。是小狗引導我認識更多動物權和德國動保法的有趣過程。

這一次的書裡，我還沒有勇氣進入德國釀酒法令的介紹，因為實在太繁複！各種規範和各產酒區域的農業法規和執行政令，可能要用專書的方式來介紹才行。如果各位有興趣，我再試著挑戰吧！

整本書都是些生活上的小事，讀起來或許更能觀察到德國日常生活中的秩序觀。

你答對了幾題呢？

Eurasian Publishing Group
圓神出版事業機構
用心與你對話．網野無限寬廣
圓神出版社
Eurasian Press

www.booklife.com.tw
reader@mail.eurasian.com.tw

鄭華娟系列 030

法治大國的日常小事

作　　者／鄭華娟
插　　畫／倪端宏
發 行 人／簡志忠
出 版 者／圓神出版社有限公司
地　　址／臺北市南京東路四段50號6樓之1
電　　話／（02）2579-6600．2579-8800．2570-3939
傳　　真／（02）2579-0338．2577-3220．2570-3636
總 編 輯／陳秋月
主　　編／賴真真
責任編輯／吳靜怡
校　　對／吳靜怡．林振宏
美術編輯／李家宜
行銷企畫／陳禹伶．林雅雯
印務統籌／劉鳳剛．高榮祥
監　　印／高榮祥
排　　版／莊寶鈴
經 銷 商／叩應股份有限公司
郵撥帳號／ 18707239
法律顧問／圓神出版事業機構法律顧問　蕭雄淋律師
印　　刷／國碩印前科技股份有限公司
2021年8月　初版
2021年10月　3刷

定價 350 元　ISBN 978-986-133-776-0

德國在歐洲的歷史這麼長，我也只能把自己當成打頭陣的小卒，步上對德國秩序觀多一些了解的旅途。或許這些只是我個人片面的觀察解讀，但仍然期盼當各位一起以文字閱讀旅行之後，能對德國的大小事，開啓更多透過不同角度觀看的風景。

——《法治大國的日常小事》

國家圖書館出版品預行編目資料

法治大國的日常小事 / 鄭華娟著. -- 初版. -- 臺北市：圓神出版社有限公司,
2021.08
208 面；14.8×20.8公分 --（鄭華娟系列；030）

ISBN 978-986-133-776-0（平裝）
1. 社會生活 2. 民族文化 3. 德國
743.3 110009447